北京教育科学研究院学术著作出版资助项目

教育政策评估：
方法与案例

拱 雪 著

知识产权出版社
全国百佳图书出版单位
—北 京—

图书在版编目（CIP）数据

教育政策评估：方法与案例/拱雪著. —北京：知识产权出版社，2023.12
ISBN 978 - 7 - 5130 - 9041 - 4

Ⅰ.①教… Ⅱ.①拱… Ⅲ.①教育政策—研究—中国 Ⅳ.①G520

中国国家版本馆 CIP 数据核字（2023）第 244787 号

责任编辑：高 超 责任校对：王 岩
封面设计：王洪卫 责任印制：孙婷婷

教育政策评估：方法与案例

拱 雪 著

出版发行：知识产权出版社 有限责任公司	网 址：http：//www.ipph.cn
社 址：北京市海淀区气象路 50 号院	邮 编：100081
责编电话：010 - 82000860 转 8383	责编邮箱：morninghere@126.com
发行电话：010 - 82000860 转 8101/8102	发行传真：010 - 82000893/82005070/82000270
印 刷：北京中献拓方科技发展有限公司	经 销：新华书店、各大网上书店及相关专业书店
开 本：720mm×1000mm 1/16	印 张：11.75
版 次：2023 年 12 月第 1 版	印 次：2023 年 12 月第 1 次印刷
字 数：161 千字	定 价：68.00 元

ISBN 978 - 7 - 5130 - 9041 - 4

前　言

　　20世纪30年代，美国俄亥俄州教授拉夫尔·泰勒（Ralph Tyler）领导了著名的"八年研究"，即对进步主义中学和传统主义中学毕业生的行为表现进行了比较评估，从而开始了教育评估，但直到美国两大著名评估专业组织美国督导与课程开发协会（ASCD）、全美教育评价研究协会（PDK）为那些需要进行评估的学区和学校领导出版了手册，教育政策评估才走出了大学，进入教育工作者的日常生活。

　　教育政策评估就是根据决策目的，运用科学的方法对教育政策的有效执行和最终结果进行评估。政策评估是政策制定过程中必不可少的一个环节，政策在执行后，人们总是希望可以知道政策目标的实现程度，政策措施的实施效果，以及后续政策该如何调整等。教育政策评估，是教育决策科学化和民主化的必然要求，也是教育政策不断走向专业化、科学化和讲求实效的标志，因此教育政策评估越来越受到重视。

　　如何让政策评估做到科学、有效，评估方法是很关键的因素。本书介绍教育政策评估的相关理论与方法，继而介绍所做的几项教育政策评估的案例。理论与方法部分，从政策评估、教育评估到教育政策评估，介绍教育政策评估的概念、教育政策评估的类型、教育政策评估的标准、教育政策的评估设计、教育政策的评估方法等；案例部分包括基于断点回归设计的北京市示范性高中增值效应评估、基于差异性分析方法的教育均衡发展评估、基于逆倾向评分加权和离散因子近似的九年一贯制学生发展评估、基于人口演化模型的教育发展政策评估。具体内容涉及教育资源配置、办学模式、示范校建设等近些年教育发展中的重要政策，从政策背景、研究现状、评估方法、实证分析角度深入分析政策效果，依据评估结果提出具有针对性的政策改进或调整建议。

本书的一个重要特点是以介绍实际案例为主，通过案例的介绍，帮助读者系统地了解和判断政策效果的科学、理性方法，同时学会方法的运用，达到方法学习与实践应用同时实现的效果，亦希望本书能够为教育科学决策提供有效支持。

目　录

第一章　教育政策评估导论

政策评估在教育政策中的应用形成了教育政策评估的范畴。教育政策评估就是根据决策目的，运用科学的方法对教育政策的有效执行和最终结果进行评估，包括过程评估与结果评估。本章关注的教育政策评估的概念、类型、标准，教育政策的评估设计、教育政策的评估方法等，是开展教育政策评估研究的基础。教育政策评估开始得很早，20世纪30年代，美国俄亥俄州教授拉夫尔·泰勒（Ralph Tyler）就领导了著名的"八年研究"，即对进步主义中学和传统主义中学的毕业生行为表现进行了比较评估，从而开始了教育评估，但直到美国两大著名评估专业组织（教育督导与课程开发协会、全美教育评价研究协会）为那些需要进行评估的学区和学校领导出版了手册，教育政策评估才走出了大学，进入实践教育者的日常生活。

第一节　政策评估

教育政策研究是政策科学研究的组成部分，一般政策科学研究方法论和分析技术为教育政策研究提供了理论指导和分析方法。教育政策评估可以被看作政策评估的具体应用，所以需要从政策评估研究入手❶。政策评估作为一种对政策效益、效率、价值进行综合判断与评价的行为，是政策执行过程中的一个重要环节。科学、规范的评估为政策实践提供良好的基础，是迈向高质量政府决策的必由之路。

一、政策评估的历史演进

虽然政策科学的概念提出得较晚，但是政策评估最早可以追溯至 20 世纪 30 年代，当时的社会学家史蒂芬用实验设计方法对美国罗斯福总统的"新社会计划"进行评估，从而使得政策评估开始步入较大规模的系统科学范畴。

1951 年美国学者拉斯韦尔提出"政策科学"的概念后，世界各国学术界、政界对政策研究的重视程度与日俱增，政策研究的范畴也从决策前的政策分析逐渐扩展到政策的制定、执行、评估等各个方面。其间，政策评估也朝精致化、务实化发展，并逐渐成为政策制定过程的重要环节。

20 世纪 60 年代后，政策评估逐渐成为一项"成长工业"（growth industry），成为监督政府公共开支，促进政策规划成效提高的系统工程。20 世纪 80 年代后，政策评估更是确立了它在社会科学中的独立地位，成为美国社会科学最活跃的领域。总体来看，政策评估的发展经历了四个阶段。

1. 以测量为主的第一代评估

第一代评估主要发生在第二次世界大战以前，受当时社会现象研究和科学管理运动的影响，评估研究以测量为主，认为政策评估即实验室实

---

❶ 高庆蓬. 教育政策评估研究［D］. 长春：东北师范大学，2008.

验，评估的重点是技术性测量工具的提供，以实验室内的实验为主，评估者扮演技术人员的角色，通过实验测量公共政策的效率与效果。

2. 以描述为标志的第二代评估

第二次世界大战后至20世纪60年代初期，政策评估技术进入第二代"实地试验"阶段，其标志是"描述"。这个时期的评估具有高度的目标导向，对已执行的政策方案，根据预期的特定目标描述结果优劣。其主要方式是在现实生活环境中进行调查，调查的地点多为实地。相较于第一代评估，评估研究没有太明显的进展，仍保留技术测量的特征，重点强调描述功能，政策评估者逐渐变成了描述者。也就是说，第二代评估仅修正了第一代评估的部分缺失，但是仍没有脱离实验的本质，只是场所从实验室移到研究实地。

3. 强调价值判断的第三代评估

20世纪60年代中期到70年代中期，评估技术进入第三代"社会实验"阶段，此阶段的评估认为评估模式不应只偏重测量与叙述，评估者本身的判断也是不可或缺的，"判断"是这个阶段的主要标志。第三代"社会实验"式的评估焦点，在于评估公共政策能否有效解决社会问题。这种评估试图冲破过分注重科学、强调价值中立的行为主义评估模式，强调政策评估者不仅要把科学的实验研究方法与实地调查方法相结合，还要体现出评估者对政策目标的价值判断，认为评估者是判断者。

总体来说，前三代评估都是倾向于方法论上的实证论，偏重定量研究。

4. 以回应性评估为主的第四代评估

20世纪70年代中期以后，为了修正以往过分重视实证评估的缺陷，政策评估技术迈入第四代阶段，开始注重定性的研究途径，突出评估者的中立角色，并肯定社会中存在的多元价值观。这个时期的评估模式主要有目标中立评估模式与回应性评估模式，尤以后者为重。回应性评估认为政策评估应该以政策运作为导向，而非以政策目标为导向，同时必须回应民众广泛的需求，从不同价值观点来判断政策成败。政策评估在某种程度上甚至可以牺牲测量的精准性，来换取政策方案利害相关者效用的提升，而不是限于研究计划或测量技术上的需要。总体而言，第四代评估重视对于政策利害相关者内心感受的回应。所谓的利害相关者，可分为政策制定与评估者、政策受益者与政策牺牲者三类。而利害关系人的内心感受就是其对政策评估的声明、关切和议题❶。

二、政策评估的意义

政策评估的重要性主要来源于其在政策过程中发挥的作用。政策评估是政策过程的重要组成部分，对正确的制定、执行和完善政策具有重要意义。

一项政策在执行之后，制定者与执行者总是希望能够知道是否达到了预期的目标与效果，也希望政策得到公正和全面的评价，最好还能根据评价的结果修正或者终止政策。因此，政策评估的意义不在于得出一个什么样的结论，而在于伴随评估的政策学习过程，不断地吸取经验教训，进而不断地取得进步。

罗西和福利曼（Rossi and Freeman）认为，政策评估的意义包括项目改进、明确责任、知识积累、政治策略和公共关系；也有学者认为政策评估的目的主要包括两个：一个是促进政府承担其责任与义务；另一个是促

---

❶ 李德国，蔡晶晶. 西方政策评估技术与方法浅析 [J]. 科学学与科学技术管理，2006（4）：65—69.

进政府学习以提高政策制定与执行能力❶；也有学者从更为具体的视角，认为政策评估的意义涵盖提升政策质量、决定政策取向、合理分配资源、强化行政责任、提供政策信息、丰富政策知识。综合分析，政策评估的意义可以从 4 个维度进行考量。

1. 结果导向：检验政策质量和水平

政策评估是检验政策效益和效果的基本途径，完整的公共政策都有一个或一系列确定的政策目标，评估者把评估看作价值判断的过程。已有的政策评估和相关研究大多是以结果为导向的，也就是评价政策在多大程度上实现了预期目标。评估者往往也被要求评定政策执行所花费的人力、物力、财力等政策支出和产生的社会或经济影响，以此来检验政策的制定与执行的质量与实际效果。

2. 原因分析：政策调整的依据

政策评估是政策修订、调整、继续或者终止以及制定新的政策的依据。政策执行一段时间后，可能存在尚未达到预期目标、需要按原计划执行，在执行过程中出现偏差需要对政策进行修订、调整，或是预期目标根本无法实现等情况，此时需要考虑政策工具、政策执行系统与所测量的政策效果之间的因果关系，根据实际情况对其做出政策评估，也就是要解释政策目标和政策效果之间的关系。

3. 促进学习：强化行政责任

政策评估是对政府等公共部门工作成效的检验和评价，评估结果和评估中的发现能够增进政策制定者对现实情况的了解，促使他们反思各种政

---

❶ 雷家骕. 经济及科技政策评估：方法与案例［M］. 北京：清华大学出版社，2011.

策和工具的有效性、局限性；引发他们深度、系统地学习，不断吸取经验教训。同时加强其工作责任感，提升其对政策的敏感度，促使其提高决策的效率，从而做出更科学的决策。

4. 决策支持：提供政策信息

开展政策评估不仅需要考虑该项政策的效果与影响，同时也需要收集该政策相关的有用信息。信息的收集可以为政策本身的完善、调整及后续政策的制定提供参考与支持，同时还能够为相关政策的制定、资源的有效配置、经费的合理划拨等提供关键依据，起到参考与借鉴的作用，这样的政策评估才是有价值的政策评估。

三、政策评估的定义

政策评估虽经历了快速的发展，但是目前仍无任何定义为各方面所能接受。根据国内外学者的研究，对政策评估进行定义主要包括两个角度，即政策评估的过程与政策评估的方法论。

一是从政策评估的过程进行定义，主要有三种观点，第一种观点认为公共政策评估主要是对政策方案的评估，即事前评估，代表人物包括那格尔（Stuart S. Nagel）、林水波、张世贤等；第二种观点认为公共政策评估是对公共政策全过程的评估，即涵盖事前评估、事中评估和事后评估的全过程，代表人物有安德森（James E. Anderson），罗西和福利曼；第三种观点认为公共政策评估是对政策效果的评估，即事后评估，代表人物有托马斯·戴伊（Thomas. R. Dye），韦唐（Evert Vedung），查尔斯·琼斯（Charles Jones）等。

二是根据评估标准的选取从政策评估的方法论角度对政策评估进行定义：一类称为实证主义政策评估，代表人物为哈罗德·拉斯韦尔（Harold.

D. Lasswell)、林水波和张世贤等，与实证主义对应的评估路线称为事实评估；另一类定义称为后实证主义政策评估，与之对应的评估路线是事实评估与价值评估相结合，代表人物为威廉·邓恩（William Dunn）、约翰·罗尔斯（John Rawls）、查尔斯·琼斯等。

我国许多学者支持政策评估的过程中的第三种观点，认为政策评估应着眼于政策效果，代表人物如张金马、陈庆云、陈振明等❶。本书中的政策评估亦采纳第三种观点，并主要采取事实评估的方法。

四、政策评估主体

政策评估是由评估主体参与和开展的，评估主体在评估活动中处于难以替代的主导地位。按照评估主体的不同，政策评估主要包括对象评估、专家评估和自我评估。

1. 对象评估

对象评估是指由政策目标集团成员进行的评估。政策目标集团成员是政策的承受者，通过亲身感受和了解，对政策制定与实施的利弊得失进行评估。这种政策评估可以获得第一手资料，可以对政策的成效有真实的估计，其结论具体、真切。充分听取不同政策承受对象对特定政策的意见，然后加以综合，往往会形成对政策比较准确的评估。但这种评估也有不足之处，目标集团成员只是社会的一部分，提供的资料虽然真实，但具有较大的局限性。

2. 专家评估

专家评估是政策系统外所进行的评估，多为政府部门委托专业性的机

---

❶ 赵莉晓. 创新政策评估理论方法研究：基于公共政策评估逻辑框架的视角［J］. 科学学研究，2014，32（2）：195—202.

构或组织专家进行的政策评估，是一种常用的有效评估方法。由于专家视野开阔、专业能力强，这种评估对政策的效果可以分析得比较准确，具有较好的科学性。同时，由于专家没有参与政策的制定与实施，评估也会比较客观。但专家评估也存在评估过程不透明、评估结果不受社会监督、评估结果难以落地等问题。

3. 自我评估

自我评估是指政策制定者或政策实施者自己对政策进行评估。这种评估方式的特点是政策制定者或政策实施者自己评估，因此过程较为简便，评估结果对政策制定和实施具有指导意义，评估结果易于实施。但是同样由于是政策制定者或政策实施者自己评估，评估结果可能存在主观性、局限性，缺乏独立性，可能受到政治因素的影响，无法全面反映政策的效果和影响。

因此，在进行政策评估时，需要注重评估的客观性和独立性，加强社会监督，确保评估结果的公正性和可信度。同时，政策评估结果应该与政策制定和实施紧密结合，以确保评估结果能够落地。

五、政策评估的方法

政策评估的方法是指在政策评估中采用的具体方法，它是政策评估赖以实现的手段，是政策评估系统中的一个重要组成部分。随着相关学科研究方法、技术的进步以及政策科学的发展，各种评估方法不断涌现，促使政策评估朝着科学化、规范化的方向快速发展。众多的政策评估方法，如果以学科为纲，应用较多的主要包括社会学方法、统计学方法、经济学方法以及文献计量法❶。

1. 社会学方法

政策评估的社会学方法是指采用社会学理论和方法，对政策实施的社会影响和社会反应进行评估和分析的方法。社会学方法可以帮助政策评估者了解政策实施的具体情况和社会反应，为政策制定和实施提供具体的建议和意见。常用的包括社会网络分析、社会调查、问卷调查、访谈、专家评议、焦点小组、实地观察等。政策评估的社会学方法具有评估结果科学、客观、全面、深入、可操作性强等特点。但是，政策评估的社会学方法需要进行大量的数据收集和分析，过程也较为复杂，且可能受到政策评估者的主观影响，因此也存在一定的劣势。

2. 统计学方法

政策评估的统计学方法是指采用统计学理论和方法，对政策实施的效果和影响进行评估和分析的方法。常用的政策评估的统计学方法主要包括：随机对照试验、回归分析、时间序列分析、因果推断分析等。评估结果具有科学性、客观性、可比性、可重复性、预测性和指导性等特点。但是，政策评估的统计学方法也可能受到数据质量和样本选择等因素的影响，评估结果可能存在误差，同时由于只从数据的角度出发进行分析，评估结果可能存在局限性。

3. 经济学方法

政策评估的经济学方法是指采用经济学理论和方法，对政策实施的效果和影响进行评估和分析的方法。常用的政策评估的经济学方法主要包

---

❶ 李强，郑海军，李晓轩. 科技政策研究之评价方法［M］. 北京：科学出版社，2018.

括：成本效益分析、收益成本分析、经济模型分析、实证分析等。评估结果具有科学性、客观性、经济性、实用性、预测性和指导性等特点。但是，政策评估的经济学方法也可能受到政策评估者的主观判断和数据选择等因素的影响，评估结果可能存在主观性和局限性。同时由于经济学方法只是一种预测性方法，评估结果可能存在不确定性。

4. 文献计量法

政策评估的文献计量法是指利用文献计量学的理论和方法，对政策实施的效果和影响进行评估和分析的方法。常用的政策评估的文献计量法主要包括：文献综述、文献计量分析、合成分析等。评估结果具有客观性、可重复性、可比性、广泛适用性等特点。但是，文献计量法只能针对已有的文献进行分析和评估，评估结果可能存在局限性，文献计量法也可能受到文献选择和数据质量等因素的影响，评估结果可能存在一定的偏差。

不同方法需要根据具体的评估对象和评估目的进行选择。同时，在进行政策评估时，也可综合采用不同的方法和工具，确保评估结果的科学性、客观性和可信度，政策评估者也需要注重提高评估的专业水平和能力。

第二节　教育评估

教育评估思想在我国渊源已久，最早的教育评估活动始于中国古代的考试制度。但是，教育评估的正式概念却是由美国人泰勒（W. R. Tyler）于 1933 年开始的"八年研究"中提出来的。泰勒认为教育评估本质上是一种测定教育目标在课程和教学方案中究竟被实现多少的过程。泰勒的教育评估思想为教育评估理论和方法的发展开辟了道路，现代教育评估学是在泰勒教育评估理论的基础上诞生、形成和发展起来的。教育评估活动虽然起源于我国，且至今已有几千年的历史，但其专业化与科学化却是在西方获得实现，相关研究成果也主要集中于发达国家，尤其是美国。

一、教育评估的概念

当把"评估"一词特别地用于学校教育领域或课堂教学情境时，在一些情况下，"评估"就是"教育评估"一词的简称。在某些情况下，它指的是教育目标分类中最高层次的认知能力水平——评估❶。对于教育评估的概念界定，当前学术界存在着多种观点。

美国学者泰勒在其著名的《"八年研究"（1933—1940）报告》（史密斯—泰勒报告）中，首次提出并正式使用"教育评估"这一概念。他早期的观点认为，教育评估过程在本质上是确定课程和教学大纲实现教育目标的程度的过程。1986 年，在教育评估概念的变化中，他对该陈述做了修订，认为教育评估是检验教育思想和计划的过程。

格兰朗德（N. E. Gronlund）认为，评估是为了确定学生达到教学目标的程度，收集、分析和解释信息的系统过程；评估包括对学生的定量描述（测量）和定性描述（非测量）两方面。根据格兰朗德的观点，评估总是包括对测量结果需求程度的价值判断的。一个完整的评估计划将包括测量和非测量两种方法，用公式加以形象地表达：评估＝测量（定量描述）＋非测量（定性描述）＋价值判断❷。格兰朗德认为，评估是所有成功教学的基础。这句话成了现代教育评估的一句世界性格言。类似的定义还有克隆巴赫（Lee J. Cronbach）在其题为《通过评估改进课程》的论文中，把教育评估的内涵阐述为：一个搜集和报告对课程研制有指导意义的信息的

---

❶ 黄光扬. 教育测量与评价 ［M］. 上海：华东师范大学出版社，2012.
❷ 格朗兰德. 教学测量与评价 ［M］. 郑军，等，译. 石家庄：河北教育出版社，1997.

过程。

斯塔弗尔比姆（L. D. Stufflebeam）等人认为，评估是一种划定、获取和提供叙述性和判断性信息的过程。这些信息涉及研究对象的目标，实施和影响的价值及优缺点，以便指导如何决策、满足教学效能核定的需求，并增加对研究对象的了解❶。斯塔弗尔比姆还曾说，评估最重要的意图不是为了证明，而是为了改进。这个观点具有一定影响。类似的关于评估的界定还有，比贝（Beeby, C. E.）把评价定义为系统地收集信息和解释证据的过程，并在此基础上做出价值判断，目的在于行动。

布鲁姆（B. S. Bloom）在其《教育评估》一书中对"评估"这个概念做了两种不同的解释。第一种解释在本质上是针对"教育评估"来说的，他认为，评估乃是系统收集证据用以确定学习者实际上是否发生了某些变化，确定学生个体变化的数量或程度。第二种解释实际上是针对教育目标分类来说的，他把教育目标分成认知、情感和动作技能三大领域，又把认知领域的教育目标分成知识、领会、应用、分析、综合、评估这六个能力层次或学习水平。对此，布鲁姆指出，评估是为了某个目的而进行的，对各种想法、作品、解答、方法、资料等的价值做出判断的活动。评估设计应用准则和规则来估量各种具体事务的准确性、有效性、经济性和令人满意的程度。判断既可以是定量的，也可以是定性的；准则可以由学生决定，也可以向他们规定。

美国教育评估标准联合委员会对教育评估进行了简明的、综合性的界定，他们认为教育评估是对教育目标及其优缺点与价值判断的系统调查，是为教育决策提供依据的过程。

从教育评估的概念可以看出，它正处于成长发展阶段。教育评估作为一种价值判断活动，由于评估的主客体、评估目的的不同，自然对教育评

---

❶ 张祥明. 教育评价的理论与实践 ［M］. 福州：福建教育出版社，2001.

估概念的理解也就不一样。总结以上各学者对于教育评估的定义，主要分为四类：第一类强调方法，认为评估是成绩考察的方法或调查的方法；第二类强调效果，注重通过评估判断教育目标或教育计划的实现程度；第三类强调过程，认为评估是收集信息的过程，是提供决策依据、判断效果、教育优化、价值判断的过程等；第四类强调价值，认为教育评估的关键在于价值判断。他们具有如下基本特点：一是教育评估是一种有程序的系统活动过程；二是教育评估以教育目标或一定的教育价值观为依据；三是教育评估始终以对评估对象的功能、状态给予价值判断为核心；四是教育评估以科学的评估方法、技术为手段，它不是纯技术性工作，也不是现象的客观叙述；五是教育评估包含对现象的质的描述，也包含量的描述；六是教育评估不仅是回溯，对过去的工作进行总结与评定，而且是前瞻，为将来的工作如何做、如何决策提供咨询信息；七是教育评估不仅是针对教育显现中人的特质，也可以针对课程、教学计划、行政措施、政策法规，直至教育改革方案等各种教育现象❶。

二、教育评估的发展阶段

教育评估的发展历史始终以对教学的评估为发展主线。随着教育评估研究的深化，教育评估的范围逐步扩大，由最初单纯对教学的评估发展到对教师、学校、教育管理人员等的评估。但其评估的核心仍然是教学评估。因此教学评估，继而教育评估是伴随着教育的出现而出现，并伴随教育研究的发展而逐步发展起来的。教育评估大致经历了以下四个时期❷。

19 世纪末到 20 世纪 30 年代，是测量时期。这一时期，教育评估主要

---

❶ 张意忠. 教育评价价值取向研究 [J]. 教育探索，2002（10）：5—7.

❷ 辛涛，李雪燕. 教育评价理论与实践的新进展 [J]. 清华大学教育研究，2005（6）：38—43.

依靠测验达成，以测验为中心，追求评估结果的数量化、客观化，其价值取向是以教育本体为主，评估者的角色是技术性的。其主要标志是测量理论的形成和测量技术、手段的大量应用。

20世纪30年代到20世纪50年代，是描述时期。这一时期，教育评估以描述关于某些规定目标的优劣模式为特征，以判断实际的教育活动是否达到预期的教育目标及达到的程度如何。这一时期是教育评估诞生和形成期，其中以泰勒目标评估模式的提出为代表。泰勒首次区分了测验和评估，并对评估做了描述和应用，诞生了程序评估，开创了教育评估研究的先河。此时，教育评估是以泰勒所倡导的目标为中心的，其价值取向指向社会需要，评估者的角色是描述者，尽管该角色还保留了早期评估的技术性，但是测量不再等同于评估，而是作为评估工具的一种被重新定义。

20世纪50年代到20世纪70年代，是判断时期。这一时期，教育评估以努力得出判断为特征，最值得关注的是教育目标分类的产生和许多新教育评估模式的出现。此时，教育评估以决策为中心，其价值取向指向社会效用。布鲁姆教育目标分类的提出极大地完善了泰勒模式，使这一模式的影响日益扩大。同时，不同学者也对泰勒模式所暴露的缺点进行了批评，例如在批判泰勒模式基础上建立起来的 CIPP 模式（Context、Input、Process、Product）、目标游离模式等。这些模式的提出不仅在不同程度上弥补了泰勒模式的缺陷，也使对教育评估模式的研究进一步深化。此时教育评估者在其中扮演评判员的角色，同时还保持了早期技术性的和描述性的功能❶。

自1970年以来，是教育评估的心理建构时期。这一时期，以回应和协商为重要标志，以人为中心，价值取向指向人的需要，日益体现了个人需要的多元取向。其代表人物为古巴（Guba，E.G.）和林肯（Lincoln

---

❶ 埃贡·G. 古巴，伊冯娜·S. 林肯. 第四代评估 [M]. 秦霖，蒋燕玲，等译. 北京：中国人民大学出版社，2008.

Y. S.）。此时基于评估研究者的反思，评估观念发生了变化。首先，阐明了教育评估的核心是价值判断。随后观念进一步发展，认为评估是评估者与被评估者协商，共同进行的心理建构过程，把评估看作一个由评估者不断协调各种价值标准之间的分歧，缩短不同意见之间的距离，最后形成公认的一致性看法的过程。

三、教育评估的方法论

教育评估的方法论可归纳为两种，即实证化评估方法论和人文化评估方法论。

实证化评估方法论最典型的代表是泰勒的目标导向评估模式和豪斯的系统分析评估模型。泰勒的目标导向评估模式强调三个重要准则：客观性、信度和效度。如果任何一种手段违背了这三条准则，都将是无效的手段。"二战"以后，教育评估领域在维持泰勒模式基本思想的同时，又从标准化测验和教育目标分类学两个方面对评估手段进行改进，这更加强化了评估手段和方法的实证化倾向。豪斯的系统分析评估模式有两个重要特点：其一，强调科学实证的方法，要求在评估分析过程中所使用的材料必须是能被证实的；其二，强调使用定量的资料和数学技术，如线性规划、回归分析、计算机技术等。在系统分析评估模式中，客观性和数量化被提升到了前所未有的高度。

人文化评估方法论的代表有古巴和林肯的自然主义评估模式、斯塔克（Robert E. Stake）的应答评估模式等。这些评估模式的共同特点就是在评估中不只是单纯从评估者的需要出发，而是考虑到所有评估参与人的需要，强调个体的经验、活动和主观认知的作用；不过分追求客观性，并试图摒弃数量特征，从人的角度出发，重视人文社会科学方法在评估中的运用。如应答评估模式中的应答，就是让评估对象和其他与评估有关的人员提出他们关心的问题，并表达他们各自的意见。在评估过程中，评估者的职责就是把收集到的这些资料与众人讨论，并以磋商的形式，逐渐消除分歧，最后达成共同的、公认的、统一的观点❶。

四、教育评估的典型模式

伴随教育研究的发展，教育评估逐步发展起来，在不同的发展阶段，都有其典型的评估模式。

1. 第一代教育评估：CTT 模式

测量范式的评估理论一般分为经典测验理论（Classical Test Theory，CTT）、概化理论（Generalizability Theory，GT）和项目反应理论（Item Response Theory，IRT）三大类，这三种理论模型的一个根本性区别在于对测验误差的理论界定的取向不同。而经典测验理论则是伴随测量运动兴起的、最早实现数学形式化的测量理论，此阶段的典型评估模式即为 CTT 模式。

由于 CTT 模式是以真分数理论（True Score Theory）为核心理论假设的测量理论及其方法体系，因此也被称为真分数理论。它从 19 世纪末开始兴起，20 世纪 30 年代形成比较完整的体系而渐趋成熟。

所谓真分数（True Score）是指被测者在所测特质（如能力、知识、个性等）上的真实值。通过一定测量工具（如测验量表和测量仪器）进行测量，在测量工具上直接获得的值（读数），被称为观测值或观察分数。由于有测量误差存在，所以观察值并不等于所测特质的真实值，换句话说，观察分数中包含真分数和误差分数。要获得真实分数的值，就必须将

---

❶ 马强，戴燕君，陈伟，等. 国内外教育评估理论研究综述 [J]. 学理论，2011（10）：195—197.

测量的误差从观察分数中剥离出来。

　　为了解决这一问题，真分数理论提出假设：①真分数具有不变性。这一假设的实质是指真分数所指代的被测者的某种特质，必须具有某种程度的稳定性，至少在所讨论的问题范围内，或者在一个特定的时间内，个体具有的特质为一个常数，保持恒定。②误差是完全随机的。这一假设有两个方面的含义：一是测量误差的平均数为零的正态随机变量。在多次测量中，误差有正有负，如果测量误差为正值，观测分数就会高于其实际的分数（真分数）；如果测量误差为负值，则观测分数就会低于其实际的分数，即观察分数会出现上下波动的现象。但是，只要重复测量次数足够多，这种正负偏差会两相抵消，测量误差的平均数恰好为零，用数学式表达为：e（e）＝0。（e 为随机变量）二是测量误差分数与所测的特质即真分数之间相互独立。不仅如此，测量误差之间，测量误差与所测特质外其他变量间，也相互独立。③观测分数是真分数与误差分数的和，即 $X = T + E$。

　　经典测量理论在真分数理论假设的基石上构建起了它的理论大厦，主要包括信度、效度、项目分析、常模、标准化等基本概念。

　　为了提高测验的信度和效度，CTT 模式特别注重测验项目的质量，除了深入研究试题的类型、功能及编制技巧，还发明了一系列筛选、甄别项目的方法，统称为项目分析，其中最主要的是难度分析和区分度分析。项目难度的主要指标是通过率，即在该题上答对的人数与全体被试人数的百分比（或平均得分与该题满分的百分比）；而区分度则是指评估试题对被试水平的区分鉴别能力。

　　常模是为了对测验的分数进行合理的解释而提出的概念。所谓常模即从某一总体中抽取的被试样本在该测验上得分的分布，以常模团体的平均数（或中位数）为参照点，将个体的分数标定在高或低于参照点的某一位置以确定该被试样本在团体中的相对地位。这种标定可以通过原始分数

（Raw Score）转换成量表分（Scale Score），或称导出分数。CTT 模式将这种类型的测验称为常模参照测验（Norm – referenced Test），及相对应的标准参照测验（Criterion – referenced Test）。

标准化是指对测验实施程序、对象范围、施测环境、测试方式、测验时限、分数解释（常模）做了统一的规定，使测验能够在异时、异地及不同的测量条件下进行，并能得到同等有效的测验结果。标准化的思想主要源于自然科学中对实验条件进行严格控制以减少测量误差，其方法主要源自实验心理学中对无关变量和干扰变量控制的方法。

2. 第二代教育评估：泰勒模式

泰勒关于评估原理的理论根据来源于杜威（John Dewey）、桑代克（Edward Lee Thorndike）、贾德（Charles Hubbard Judd），他们都把教育研究作为一种科学，重视培养学生的科学探究能力和使用科学方法的能力。其中，杜威关于测量应特别强调学生的不断成长及学习过程的观点，桑代克的逻辑和统计思想，贾德的心理学思想都深深影响了泰勒。

在学校教育受到冲击的当时，传统的以教科书为中心的测量也饱受诟病，批判的观点主要有：无论是知识测验还是人格测验，都只能做中断的测定，不能全部了解人格的发展与知识的过程；测验只是注意客观的信度，不足以说明效度；教师为测量成绩所采用的学业测验，根本就是教科书中心主义；测量或考试易培养个人主义与被动式的学习态度。1929 年，泰勒在改进学校测验方法的实践中也认识到，测验不能以教科书为中心，而要以一定的教育目标为指导。教师首先应找出课程目标，根据学生应掌握的内容、方法，用行为将课程目标表述出来，制定出一系列教育目标。这样编制的测验不仅能检查学生的记忆能力，还能检查学生实际动手的能力和解决问题的能力。于是泰勒提出了一套以教育目标为核心的编制原则，并试图把社会的要求、学生的需要反映到测验中。为了与早期的测量活动区别开来，泰勒及其同事将"评估"概念应用到教育上，并指出，"教育评估"就是一种测量课程和教学方案在多大程度上达到了教育目标的过程。以目标为中心，通过具体的行为变化来判断教育目标实现的程度，是泰勒教育评估观的主旨。这种评估模式也被称为"泰勒模式"（又称"目标评估模式"或"行为目标模式"），作为教育评估理论发展史上第一个结构紧凑、较为完整的模式，"泰勒模式"易于理解和实施，所以至今仍是世界各国的常用评估模式之一。

（1）泰勒的评估原理。

泰勒的评估原理主要是在1929—1934年，因帮助俄亥俄州立大学教师改进本科生学程这一特定目的而构想、制定的。由于当时大部分学生在读完一年级之后就不再继续学业，为了敦促大学教师改进教学，尤其是大学一、二年级的教学，俄亥俄州立大学教育研究所所长查特斯（Chalters.W. W）认为，通过有关研究的帮助和测验与测量的运用，可以显著地改进大学里的教与学。泰勒于1929年应查特斯之邀，主持该所的成绩测验室的工作，与任课教师一起，集中力量研究本科生生物学课程的教学。经过两年的努力，于1931年撰写了《编制成绩测验的一般技术》一文，此文后被收入1934年出版的《成绩测验的编制》一书中。1934年，泰勒应邀主持"八年研究"的评估工作，将所创评估原理运用于实践之中。

泰勒认为实施教育评估，首先必须分析教育应达到的目标，再以这个目标来评估教育效果，运用评估促进教育措施向理想目标逼近。泰勒评估原理由四个部分构成：目标选择——"学校应为实现什么样的教育目标而努力"；学习经验的选择——"实施什么样的教育才能实现这些目标"；学习经验的组织——"怎样有效地组织教育经验"；结果的评估——"是否实现了这些教育目标、如何判断"。它所追求的是将课程—教学—评估作为一个整体，全面掌握。评估方法已不再局限于笔试，扩展到观察记录、轶事记录、问卷、访谈、活动记录、收集作品等。同时，测试的范围已不再仅局限于智力方面，而是较多地涉及了学生内隐的情感和思想方面，如态度、兴趣、信仰、社会适应等方面。

（2）"泰勒模式"的基本思想。

泰勒教育评估的基本思想包括：教育是改变人的行动方式的过程；教育目标是各种行动方式的变化；教育能够根据对该目标实际完成情况的分析进行评估；人的行动是复杂的，所以要从各方面进行评估，它不仅要分析，而且要综合；作为评估方法，仅靠用纸和铅笔的测验是不充分的，应该采用包括观察行动在内的更为广泛的方法。

在上述基本思想的指导下，泰勒指出教育评估模式的目的是：记录每个学生行为方面的大量的数据，以便于详细地了解和帮助学生；为家校合作提供有力的保证；检验学生是否有能力和愿望迎接新的体验，为学生选择升学还是就业提供依据；根据学生达成教育目标的情况来激励教师。

3. 第三代教育评估：目标导向评估模式、CIPP 评估模式和目标游离评估模式

目标导向评估模式主要是由早期的"教育评估之父"泰勒所倡导的，后来由布鲁姆对它加以发展和完善。该模式主要是从预定教育目标出发，对学生的学习效果进行评定，为判断学生是否达到预定的目标服务。教育目标以教学大纲为依据制定，是目标导向评估模式的核心和关键，而评估的目的是使学生最大限度地掌握教学目标。在目标导向评估模式中，无论是泰勒还是布鲁姆在论述评估前所设置的目标时，都把这一目标称为"教育目标"。但从这些目标的内容来分析，他们所说的教育目标都是以教学大纲和教材为依据，评估学生对知识的掌握和智力、能力的发展情况。因此，教育目标实际上和教学目标是同义的，目标充分揭示了教学大纲意欲帮助学生发展的各种行为、思维、感觉和活动的方式以及应掌握的内容。在泰勒之后，由他的学生布鲁姆及其同事对教育目标进行了更详尽的研

究，他们提出并完成了教育目标分类学的工作，为完善和发展目标导向评估模式做出了卓越贡献。他们把教育目标分类学分为三个领域：认知领域、情感领域和动作技能领域。从布鲁姆及其同事对教育目标分类学的研究和该分类在教育评估的应用中可以看出，该分类是以对教学大纲的分析为基础的，并具体体现在教学目标中关乎学生掌握知识和发展智力、能力的方面。以认知领域为例，所分的六个大类构成了由简单到复杂的目标阶梯，高层目标是在低层目标的基础上发展起来的。具体地说，这种分类体系是在掌握知识的基础上发展起来的各种认知能力，目的是通过教学实现教学目标后，使学生达到"学会学习"的程度，这实际上反映了现代社会对教育教学的要求。同时可以看出布鲁姆的目标分类学虽然把情感领域和动作技能领域作为与认知领域相并列的独立领域加以研究，但布鲁姆及其同事对情感和动作技能两个领域的重视程度远不如对认知领域的重视程度。这就从一个侧面认识到，目标导向评估模式的后期研究实际上仍是强调学生掌握知识，发展智力、能力这些教学目标的基本内容，学生及其他方面的发展则被有意无意地忽视。

泰勒在最早倡导教育评估时，曾把教育评估的过程分为四个步骤，其中确定教育目标是整个评估过程的第一步，也是最重要的一步；第二步是依据预先规定的教育目标中期望学生变化的那种行为设计评估环境；第三步是选择和编制评估工具，当然这些工具能够引发教育目标所期望的行为；第四步是依据教育目标分析评估结果。布鲁姆在继承泰勒研究成果的基础上，进行了完善和发展，他将评估分为三种类型：诊断性评估、形成性评估、总结性评估，并在这三种评估的基础上提出了掌握性教学策略。这种以教学目标为导向，以评估为手段的教学策略，其最终目的是使绝大多数学生都能达到教学目标所要求的水平。在这一教学策略中，评估发挥着核心和关键的作用。在教学开始前，通过诊断性评估，为教学确定教学起点；在教学过程中，通过形成性评估，教师和学生从中发现其不足，并及时地加以改进，使教学结果一步步逼近教学目标；在教学结束时，通过总结性评估，人们可以对教学目标的实现情况做一鉴定，并把它作为实现新的教学目标的起点。由此可见，目标导向评估模式中的教育目标是该模式进行价值判断的标准所在，其主要内容是使学生掌握知识，发展智力、能力❶。

CIPP 教育评估模式是由美国教育评估学家斯塔弗尔比姆和他的研究团队在反思第二代评估时期的泰勒模式的基础上提出的，该模式认为教育评估不应该只局限于确定教育目标的实现，而应该在教育评估过程中为评估者提供有价值的信息。CIPP 教育评估模式又称决策导向模式。正如斯塔尔比姆的名言：评估最重要的意图不是为了证明，而是为了改进，也就是说评估是一种工具，它帮助决策者随时修订原计划，改变资源的分配使用方向和方法，最大限度地提高项目实施的实际效果，并对最后分析该项目的优缺点提供帮助❷。这一模式包括背景评估（Context）、输入评估（Input）、过程评估（Process）和成果评估（Product）。这四种评估既是 CIPP 评估模式的构成部分，又是它的四个步骤。背景评估即为确定教育目标提供有效信息，其内容包括教育目标描述、教育目标确定，以及教育目标的适切性和可行性评估；输入评估即条件评估，为检验教育程序的有效性提供信息，内容包括确定目标实现的必要条件，以及实现目标的相应程序；过程评估即对教育实施过程进行预测，为评估者提供反馈信息，用于发现教育决策实施过程中的隐性问题；成果评估即目标评估，对教育实施结果与目标的达成程度进行评估，测量评估结果并给予解释和价值分析。在 CIPP 教育评估模式中，教育目标本身也被评估，这使评估内容更全面、合理，评估体系更完整。同时，CIPP 教育评估模式还关注过程性评估，注重

❶　刘志军. 对国外教育评价模式的价值取向评析［J］. 教育理论与实践, 1993（4）：55—60.

❷　周艳. 试论美国教育评价模式的价值转换［J］. 柳州师专学报, 1996（4）：48—51.

为评估提供全面信息，使评估活动目标更明确，实用性更强。

目标游离评估模式产生于 20 世纪 60 年代后期。由于新的教育思想的熏陶，许多人主张尊重受教育者的人格和权利，反对利用各种测验把学生划为优、上、中、下、劣的等级，反对用统一的框框衡量所有人，提倡使每一名学生的个性都得到充分发展。一些学者也认为教育评估如果单纯地以目标为中心和依据，无法保证目标本身的合理性与可行性。通过关注教育活动的实际效果，美国教育家斯克里文（Michael Scriven）发现，在实际评估过程中，事先确定的教育目标的评估范围往往会受到限制，有时还产生许多非预期的效果，这对评估产生至关重要的影响。如果仅仅根据预设的教育目标进行评估，则可能导致评估过程只局限于既定目标规定的预期效果，非预期效果容易被忽视。这说明，教育活动的预定目标只反映评估方案、评估制定者的意图，可能会影响评估真实数据的收集，导致整个评估结果失真。为了使评估更加合理、科学，评估实施者应该把重点考虑的问题从"教育目标是什么"转变为"教育活动实际是什么"，即进行目标游离，跳出预设目标的局限。目标游离模式主张对评估实施者隐瞒评估方案、评估制定者的预定目标，减少评估方案、评估制定者的主观意图对评估的影响，以便收集到全部成果信息，获得全面、真实的效果。这种评估模式突破了预设目标的限制，重视实然的评估结果。较之以前的做法，其对评估对象的实际状态进行评估的模式显得更加科学化。同时，由于将评估方案、评估制定者的目标与评估实施者的目标分离，其评估结论也更为客观与公正。它与泰勒模式、CIPP 模式的最大区别是，作出评估结论的依据不是方案制订者预定的目标，而是活动参与者的意图，评估活动从反映管理者、决策者的意图转变为反映局外人的意愿，进而也反映了评估者的自主性和将教育过程视为受教育者个人自我创造、自我实现、自由发展的民主观念，从根本上体现了以个人的需求为价值取向的评估标准。

4. 第四代教育评估：应答评估模式

20世纪70年代以后，随着社会上公民权运动的发展和现代西方人本主义思潮的影响，教育评估反映了这种以人为中心的人文主义倾向，在这种要求下，产生了以人的需要为价值取向的教育评估模式——应答评估模式。这一评估模式摒弃了过去评估模式中片面强调社会需要和社会效用的价值取向，重视人在评估中的地位和作用，在评估中注重人的各种不同的需要，注意反映不同人的价值观念，这为纠正过去在评估中出现的极端思想起到了积极作用。

应答评估模式的主要特点是强调在评估过程中收集与评估有关的参与人的需要，以及以需要为基础形成的对评估的看法、态度和价值观点，并以此作为评估的基础。斯塔克在解释应答评估的含义时说，如果教育评估更直接地指向方案的活动而非方案的内容，如果它能满足评估听取人对信息的需求，或者在反映方案得失长短的评估报告中，更能反映人们不同的价值观念，那么，这种评估即可称为应答评估。这一表述突出体现了斯塔克重视人的需要在评估过程中的作用的观点。在具体的评估过程中，应答评估并不像其他评估模式那样先确定目标或先建立假设，而是先确定评估的"问题"，并在问题的基础上制订评估计划。在这里确定问题和制订评估计划的过程也是一个广泛征询意见，了解评估需要的过程，经过与学生、家长、纳税人、方案发起人、方案执行人员的交谈，评估者注意到某些现实或潜在的问题，这些问题构成了继续与方案委托人、执行人、听取人讨论和制订资料收集计划的结构。在应答评估模式中，评估者不是以自己的主观意志或某些权威人士的意图来确定问题、制订计划，而是以所有参与评估的人的意图为基础，再由评估者综合这些信息而进行的，这些信息代表了评估中各类不同的需要，所以评估一开始就反映了多元的价值取向。在收集资料的过程中，应答评估的主要手段是观察和反应。观察主要是指通过评估者个人深入到所评估的活动中，进行细致的考察，详细记录活动中出现的任何问题，从中找出与评估听取人的需要有关的东西。反应则是指设法利用一切交流媒介，收集持有不同观点的人对评估对象的意见，收集被评估者的看法，请权威人士对评估问题的重要性发表意见，请评估听取人对评估初步结果发表见解，通过这些方法，了解参与评估的各种人对评估的观点、看法，并努力使评估为一切与评估有关的人服务。但这类评估模式在强调人的需要在评估中的作用时，走得远了一些，它把评估理解为各种人的观点、看法和价值观点的大汇总，对评估的社会制约性认识不够，这就会导致在评估中片面夸大人的主观能动性，把评估看成一个不可捉摸的主观性认识，这就违反了唯物主义认识论的基本原则，因而是不正确的❶。

第三节　教育政策评估

政策评估在教育政策中的应用形成了教育政策评估的范畴。教育政策评估开始得较早，但真正进入实践教育者的日常生活却经历了很长的阶段。20 世纪 30 年代，美国俄亥俄州教授拉夫尔·泰勒领导了著名的"八年研究"，即对进步主义中学和传统主义中学毕业生的行为表现进行了比较评估，从而开始了教育评估。到了 60 年代，美国联邦政府要求对 1965 年颁布的《初等和中等教育法》的第一条款和第三条款项目的实施情况进行评估，评估结果报告必须送到联邦政府，由此导致了教育政策评估领域的迅猛发展。后来，大量的评估"模式"被开展和应用，包括：CIPP 模式、差异评估模式、同行评估模式，等等。直到 90 年代中期，美国两大著

---

❶ 刘志军. 对国外教育评价模式的价值取向评析 [J]. 教育理论与实践, 1993（4）: 55—60.

名评估专业组织，即教育督导与课程开发协会和全美教育评价研究协会为那些需要进行评估的学区和学校领导出版了手册，教育政策评估才走出了大学，进入实践教育者的日常生活❶。

一、教育政策评估的概念

学者对于教育政策评估概念的理解略有差异，类型也有所不同，典型的有三种。第一种认为，教育政策评估就是根据决策目的，运用科学的方法对教育政策的有效执行和最终结果进行评估，包括过程评估与结果评估。第二种认为，教育政策的对象不局限于现行政策，还包括执行之前的政策方案，政策评估除关注预定目标的完成程度和执行情况外，还应关注政策的非预期影响以及政策所需投入的成本，故评估可以分为预评估、执行评估和后评估。第三种认为，政策评估的内容不仅包括一项政策或政策方案实现其预定目标的程度、被执行的程度、其相对于所投成本的效率水平，还应包括对政策需求的评估，即通过研究分析特定群体需要什么政策，因此政策评估包括需求评估、过程评估、结果评估和效率评估。本书认同第一种观点，此种观点决策目的尤为重要，决策目的也就是政策制定者希望得到的政策结果，是评估者进行评估的依据，需要清晰地表达出来。

二、教育政策评估的类型

教育政策评估根据不同的标准，可以分为多种类型，如按内容分类，有过程评估、效益评估、影响评估等；按职能分类，有形成性评估、诊断

---

❶ 黄忠敬. 教育政策导论［M］. 北京：北京大学出版社，2011.

性评估、终结性评估等；按方法分类，有定性评估、定量评估等；按主题分类，有政策设计评估、政策决策评估等❶。本书主要介绍过程评估与结果评估，具体的可以用梯姆西·巴提克（Timothy Bartique）和理查德·宾厄姆（Richard D. Bingham）提出的评估谱系表示，如图 1－1 所示，他们将政策评估划分出层次，并将其称为谱系。在谱系中包括两个层次的过程评估（正式评估），四个层次的结果评估（整合评估）❷。

图 1－1　评估谱系

过程评估是政策运行过程中所进行的评估，关注项目或政策传递给对象的手段和方式，包括监测日常活动和评估项目活动两个层次。过程评估涉及对根本目标和项目目标的观察检验，需要把书面材料和观察到的现实情况协调起来，有时也涉及主观评价问题，监测日常的工作。在这种评估方法中，基本问题应聚焦于询问上，但从根本上说，这些评估更注意去发现管理中的问题并确保没有问题发生。此外，更多的是对项目参与者的关注，对其满意程度进行评估。

结果评估包括两类，即影响评估和政策评估。影响评估也可以说是总结评估，关注项目的最终结果，包括列举结果、测量效果、成本收益三个层次。影响评估首先列举结果，看项目或政策目标是否实现；政策的目标群体发生多大的变化，在多大程度上实现和满足目标；政策实施的成本是

---

❶　张立荣．政策评估的内涵与类型探析［J］．理论探讨，1989（2）：55—57.
❷　理查德·D. 宾厄姆，克莱尔·L. 菲尔宾．项目与政策评估：方法与应用（第二版）［M］．朱春奎，杨国庆，译．上海：复旦大学出版社，2008.

多大，收益情况如何，也就是投入产出情况如何。评估问题影响考虑一个项目或政策的长期结果，也就是对问题的影响进行评估，关注什么变化最为显著，或是政策使得问题减少、变轻了没有等。

三、教育政策评估的标准

政策评估是一种围绕政策效果而展开的活动，为了评估政策是否实现了预期的目标，需要建立一套评估的标准，也就是进行价值判断的尺度。评估标准是显示政策表现情形的信号或指引，能对政策的品质和效果加以测量。由于政策本身的复杂性，政策主体、政策评估类型的多样性等因素，难以设定一个统一的、固定的标准。邓恩在《公共政策分析导论》一书中将评估标准分为六类，即效果、效率、充足性、公平性、回应性和适宜性❶，见表 1 - 1。

表 1 - 1　政策评估标准

标准类型	问　题
效果	结果是否有价值
效率	为得到这个有价值的结果付出了多大的代价
充足性	这个有价值的结果的完成在多大程度上解决了目标问题
公平性	成本和效益在不同集团之间是否等量分配
回应性	政策运行结果是否符合特定集团的需要、偏好或价值观念
适宜性	所需结果（目标）是否真正有价值或者值得去做

可见政策评估的内容较为宽泛，在本书中只关注结果评估中的效果，考察其是否实现政策目的，多大程度上实现政策目的，也就是关注其政策效果。

---

❶ 威廉・N. 邓恩. 公共政策分析导论 [M]. 谢明，译. 北京：中国人民大学出版社，2002.

四、教育政策的评估设计

政策效果评估的核心问题是准确找出因果关系及影响程度，即政策起作用了吗？起了多大的作用？是政策干预的变化还是其他因素导致的变化。为了能够准确地回答，就要进行严密的政策评估设计。

一项政策评估通常包括几个步骤：确定目的与目标、进行评估设计、确定衡量效果的方法、收集数据、完成分析和解释。

不同政策、不同的实施状况，要有不同的评估设计。典型的评估设计有四种：单组前—后测设计、简单时间序列设计、前—后测比较组、前—后测控制组。

单组前—后测设计，是最常用的评估设计，也是最无力的设计之一。这种设计，在政策实施前，要进行相关评估标准的测量（即图 1-2 中，A_1），政策实施后要再次测量（即图 1-2 中，A_2），两次测量的差值（$A_2 - A_1$）即政策带来的效果。这种设计方法和程序简单，但是也存在很大的弊端，它将任何改善都归之于政策的作用，如图 1-2 所示。

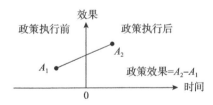

图 1-2 单组前—后测设计

简单时间序列设计，这种评估设计适用于评估前可以获得大量的政策前测试（即图 1-3 中，Q_1、Q_2），根据政策前数据采用回归或是其他统计技术进行预测，得出若无政策实施的数据（即图 1-3 中，A_1），并将政策实施后的实际数据（即图 1-3 中，A_2）与之对比，差值（$A_2 - A_1$）即为政策效果。此种设计方法也相对简单，但同样存在无法剥离政策实际效果的问题，尤其是对政策实施后新增加的干扰因素，如图 1 - 3 所示。

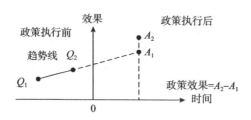

图 1 - 3 简单时间序列设计

前—后测比较组设计，此种设计较前两种有了很大的改进，在设计中，要努力设置一个在所有相关方面都接近实验组（图 1 - 4 中，A 组，A_1 为前测效果，A_2 为后测效果）的比较组（图 1 - 4 中，B 组，B_1 为前测效果，B_2 为后测效果），对比较组和实验组在政策实施前后都要进行测量 [（实验组效果 $A_2 - A_1$），比较组效果（$B_2 - B_1$）]，比较组即认为是实验组未实施政策的情况，政策实验组绩效的改变由比较组的成果来衡量 [即（$A_2 - A_1$）-（$B_2 - B_1$）]。此种设计由于比较组的引入，大大提高了政策评估的效度，但此种方法会用到较多的计量方法，方法和程序均较复杂，如图 1 - 4 所示。

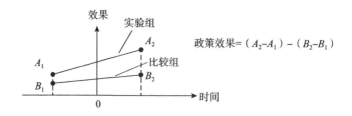

图 1 - 4 前—后测比较组

前—后测控制组设计，此种设计是最有力的，是真正科学的评估设计。它与前—后测比较组的显著差异在于实验组和控制组的参与者是随机的，实验组（即图 1 - 5 中，A_1、A_3 组，A_1 为前测效果，A_3 为后测效果）

受政策影响而控制组（即图 1-5 中，A_1、A_2 组，A_1 为前测效果，A_2 为后测效果）不受政策影响。随机保证两个组中研究对象的特性在政策前尽可能相同，起点相同、历程相同、成熟的速度相同等，可以保证两个组在政策后测量中的任何差异 $[(A_3-A_1)-(A_2-A_1)=(A_3-A_2)]$ 都是由该政策造成，如图 1-5 所示。

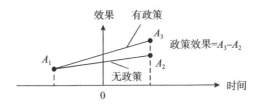

图 1-5　前一后测控制组设计

前两种设计是用实验组作为自身的对照，这一类设计也被称为反身设计，第三种设计是典型的准实验设计，最后一种是实验设计。反身设计也叫前实验设计，对于全覆盖政策（也就是总体中大部分样本都参与的政策），很难通过随机安排建立控制组，或者实际上找不到未参与者，比如政策的对象为某一个特定的区域等，适合选择此种设计，此种设计的实质性依据是相信实验中对象前后会保持一致；准实验设计中比较组只是用来做实验，研究者必须识别与测量实验组所有的相关特征，建立一个与实验组在各方面尽可能相似的比较组，此种设计倾向于溯及既往，也就是事后评估；实验设计关键在于随机性，即随机安排，真正的实验设计总是随机安排项目研究对象，是理想的政策评估设计，此种设计与物理、生物科学的研究有很多共性，能用研究结果来确定政策的净效果。

五、教育政策的评估方法

对应不同的政策评估设计，需要不同的评估方法。主要有两大类，一类是实验的方法，对于一个项目随机地在参与主体中间进行分配；另一类是非实验或计量的方法，通过综合使用计量方法、微观数据以及行为模型来比较参与项目的个体和未参与项目的个体的行为结果差异。通过对微观数据的计量分析，我们可以考察一项政策对于具体个人、企业、地区的影响，科学地评估政策实施的真实效果❶。实验方法区别于非实验方法的关键在于，对实验参与主体以及实验干预的随机分配。随机分配确保能够有效地预测实验处理与实验结果之间的因果关系。而因果关系对于非实验研究，则主要靠计量方法进行保证。

1. 评估的核心问题

评估的核心问题是归因。评估就是要在控制其他因素作用的情况下，分解出哪些影响和变化是由于某项政策干预所引起的。此类归因要借助于反事实分析，或者找到一组有说服力的比较组（不接受干预，也称控制组）用来与实验组（接受干预，也称处理组）进行对比，评估的难点也在于此。那么反事实比较组从哪里来呢，最理想化的方案是，对同一个接受项目干预的主体，比较其在某一时点接受项目干预与不接受项目干预之间的结果差异。但这在现实中不可行，评估的问题产生于个人不可能同时经历参与政策和未参与政策两种状态。如果一个人参与政策，我们就只能观察到他在此状态下的观测量，而无从猜测他在未参与状态下的观测量，但是只有比较两种状态下的观测量，我们才能评价该政策对参与者的效果。如果只是比较此主体在接受干预前后的差异，则通常不能得到可靠的结果，因为其中有一个非常关键的假设，即与结果变量相关的其他任何因素在干预时期内不能发生变化，但是现实中这一假设可能不成立。鉴于此，我们可以设法将一组接受干预的人群与一组与之类似（统计意义上）但未

---

❶ 肖鹏，王志刚，聂秀东. 社会实验：一种新的公共政策评估方法 [J]. 统计与决策，2009（20）：140—142.

接受干预的人群进行对比，以此来评估项目的真实影响❶。

用 Y 表示我们所关心的变量（表示政策效果的因变量），Y_{it}^1 表示第 i 个人 t 时刻受政策影响的结果，Y_{it}^0 表示第 i 个人 t 时刻不受政策影响的结果。则政策对第 i 个人 t 时刻的效应为：$\alpha_{it} = Y_{it}^1 - Y_{it}^0$。在实际中往往选择一个比较组（控制组）来作为参加者若处于不参加状态时的一个替代，用 Y_{jt}^0 表示，则

$$\alpha_{it} = Y_{it}^1 - Y_{it}^0 = Y_{it}^1 - Y_{jt}^0 - (Y_{it}^0 - Y_{jt}^0) \tag{1.1}$$

括号内部分为第 j 个人作为第 i 个人在 t 时刻的替代时，由于两者本身特性不同而造成的效应估计值与真实值之间的差异，称为选择偏差（selection bias）。替代的选取方式不同，也就存在随机实验方法和不同的计量方法❷。

2. 随机实验方法

采用实验研究方法评估社会政策或社会领域变革的历史在美国由来已久。起源于 19 世纪 80 年代的心理学领域的实验研究方法，20 世纪 90 年代中期以来，采用实验研究方法作为教育政策或教育变革的评估方法的研究逐步增多，主要是由于政府部门对"基于科学证据的研究"的关注和对实验研究方法应用的鼓励。在西方其他发达国家，采用实验研究方法评估公共政策的研究在 20 世纪 90 年代中期以来也迅猛发展。政府部门及学者加强了对公共政策评估过程实证研究质量的关注，英国、德国等发达国家纷纷召开国际性学术会议，探讨实证研究的质量问题，而会议最后达成的协议纷纷将实验研究方法作为实证研究的发展趋势❸。

---

❶ 张林秀. 随机干预试验：影响评估的前沿方法 [J]. 地理科学进展, 2013, 32（6）: 843—851.

❷ 余向荣. 公共政策评估的社会实验方法：理论综述 [J]. 经济评论, 2006（2）: 73—79.

❸ 段鹏阳, 等. 实验研究：教育政策评估方法发展的新趋势 [A]. 2010 年中国教育经济学学术年会论文集 [C]. 2010, 12.

（1）实验思想。

对干预对象进行随机分配，在合格目标群体中随机分配其中的一部分对其实施干预，另一部分则作为控制组（也就是作为 Y_{it}^0），不实施任何干预。由于实验组和控制组在干预前没有系统差异，两个组在项目实施之后的差异归因于干预，而不是其他因素，从而能得出与政策"净"影响效应最接近的估计值。

（2）实验设计。

采用随机实验方法进行政策评估，实验设计过程中涉及如下问题：建立干预与结果变量之间的因果链，探索合适的干预措施；明确干预的单位；确定随机选择的方法；识别可能影响到实验设计的因素；样本选择和样本规模；等等。

（3）实验步骤。

随机实验主要包括三个环节，即基线调查、干预实验、评估调查。在政策干预之前，需要通过基线调查来掌握政策参与者的基本信息，其核心是收集主要结果变量以及可能影响结果变量的控制变量信息。这一阶段要做的工作包括设计调研方案、开展预调查、完善调查表等。调查问卷设计要涵盖因果关系链中的各种因素，通过调研取得相应的资料，提供数据支撑。之后基于随机分配原则，将所有样本按照预定的干预方案分成不同的实验组和控制组，并在干预过程中进行实时监测，确保因果关系链中的因素得到控制，避免因果链断裂。当干预实施达到预定时间点后，开展评估调查。评估调查要重复基线调查的所有内容，可以根据政策干预的性质不同而重复多次，以便区分不同时间段政策干预的效果及其变化。

（4）典型设计。

前—后测控制组设计：该设计包括两个可比组，即实验组和控制组。把研究对象随机分配到实验组和控制组，是否参与实验纯粹是偶然行为；为评估实验效果，每组都要进行两侧测试，在向实验组介绍项目之前，对两个组进行前测；不对控制组，但对实验组进行实验处理；然后对两个组进行后测。这种实验设计能够充分保证样本的同质性，更能保证因果关系的推论，项目后分值减去项目前分值，如果实验组的得分明显高于控制组的得分，那么可以判断实验是有效果的，见表1-2，表中X表示参与实验，O表示参与测试。

表1-2　前一后测控制组设计

组别	前测	实验	后测
实验组	O	X	O
控制组	O		O

此设计的关键在于如何保证随机性，一般普遍使用的方法有：用转硬币的方式随机安排每个研究对象；把所有名字放在容器中，充分混合后，抽出，奇数为一组，偶数为一组；使用随机数字表电脑程序产生的随机数字。此种设计虽然非常有效，但是执行此设计成本较高并且难度较大，如当项目是志愿者自愿参加等情况。

单后测控制组设计：研究参与者被随机分配到实验组和控制组；对实验组进行实验处理，对控制组不实施处理或实施另一种处理；对两个小组进行后测。见表1-3，表中X表示参与实验，O表示参与测试。

表1-3　单后测控制组设计

组别	前测	实验	后测
实验组		X	O
控制组			O

通过省略前测，单后测控制组设计中所有无效的内在来源都被控制，检查和测量工具都不需要考虑无效来源，因为两组都处于同样的外部环境中，所以也假定其余的内在因素都是固定的。此外，外在因素的选择由实验个体的随机分配决定，从而排除了任何一组可能的初始偏差，这也就意

味着，因为是随机选择，所以前测可能并不必要，并且在一项实验中，在实验开始之前把实验参与者集中起来进行前测有时可能是困难的，考虑到时间和资源有限等因素，重复测量的代价有时太大，而且前测可能导致实验对象对干预产生不同的反应，即前测敏感问题，在这种情况下，仅进行后测控制组设计是一项不错的选择。如果实验无法找到合适的预测，或预测对实验处理有影响时，也可以使用这种设计。如果实验中实验组和控制组的样本都大于 30 个，根据中心极限定理，可以认为样本之间具有同质性，同样可以采用仅进行后测控制组设计。

所罗门四组设计：所罗门四组设计是所罗门（Solomon）首创，他在1949 年指出，两组实验前—后测设计在实验前和实验过程中的相互影响很容易使产生的结果受干扰或混淆，也就是说实验前测可能导致实验对象对干预敏感从而影响实验效果。所罗门四组设计由四个随机选择的群组组成，两个实验组和两个对照组，四组样本均为随机选择产生。对于样本的测试也分为前测和后测，前测分别选择一组实验组和一组控制组，后测则在四个小组中同时进行。见表 1 – 4，其中 X 表示参与实验，O 表示参与测试。

表 1–4　所罗门四组设计

组别	前测	实验	后测
A 组	O	X	O
B 组	O		O
C 组		X	O
D 组			O

所罗门四组设计是一种非常理想的设计方法，可以控制和测量前测的主要效果，考察前测与实验处理之间的交互作用。从表中可以看出，A、B、C、D 四个组中有两个组为实验组，即 A 组和 C 组，B 组和 D 组则为对照组。通过 A 组与 B 组的前后测差值的比较，可以考察实验处理以及处

理与前测交互效应的影响是否显著，通过 A 组与 C 组或者 B 组与 D 组的后测差值的比较，可以考察前测的效应是否显著。而且，通过 A 组和 B 组后测差值与 C 组和 D 组后测差值的比较，可以考察前测对后测的效应是否存在，或称前测与处理的交互效应是否存在。

通过戴维·纳兹米尔斯（David Nazmills）的一段描述可以更清晰地认识所罗门四组设计：所罗门四组设计包含了与经典设计（前—后测实验组对照组设计）相同的特征，再加上在项目开始之前不进行测量的对照组和实验组。这样，测量反馈的结果能够直接通过比较两个实验组和两个对照组而评价出来。两相比较结果就会显示 X（实验）是否对不受实验前测步骤影响的组有独立影响。所罗门四组设计的优势表现在，研究者可以检查前测可能产生的效果，将前测效应分离出来，更加清晰地认识到实验处理的效果。与其他研究设计相比，所罗门四组设计对无关变量的控制比较完善，能够证明实验处理与前测的交互作用或者实验前测的敏感度。但这种研究设计的劣势也是显而易见的，由于需要选择四个群组，需要选择的被试较多，随机选择样本的可能性较小，实验设计非常复杂，需要的实验经费数额较大。因此，在目前的研究中这种研究设计使用较少。在实验过程中，当前测的影响被认为非常大的时候，有必要采用所罗门四组设计。

3. 计量方法

由于道德因素、社会成本等原因，现实中的政策只有极少数采用随机实验的方式实施，研究者可观测到的数据多是非实验数据。要想保证政策评估的准确性，随着偏离随机实验的程度的增加，计量技术的使用也要增加。基于解决选择偏差方法的不同，发展了不同的政策效应评估方法。应用较多的评估方法包括：工具变量、双重差分、断点回归设计和匹配。

（1）评估思想。

不同的政策评估方法虽然解决的问题相同，但基本评估思想各有差异。双重差分处理选择偏差的基本思想是：允许存在不可观测因素的影响，并将产出方程中不可观察的个人特殊因子分解为三部分，即只与自身相关、不随时间变化的部分，只与时间相关、不随个体变化的共同趋势部分以及相互独立的随机误差项，三者均值为零，且相互独立。那么就可以用政策前后两个时间点的数据之差来消除只与自身相关、与时间变化无关的部分，再利用实验组和比较组的数据之差来消除共同趋势部分，两次差分，便可以得出政策效应的一致估计。断点回归设计的基本思想是：当个体的某一关键变量的值大于临界值时，个体接受政策干预；反之，则不接受政策干预。一般而言，个体在接受干预的情况下，无法观测到其没有接受干预的情况。而在断点回归设计中，小于临界值的个体可以作为一个很好的比较组来反映个体没有接受干预时的情况，尤其是在变量连续的情况下，临界值附近样本的差别可以很好地反映干预和结果变量之间的因果联系，进而计算出政策效应变量。匹配法的主要思想是：为了获得政策干预组在不接受政策干预状况下的结果估计值，评价者选择可比的未接受干预的研究对象作为比较组，并使比较组与实验组的其他情况尽可能保持一致，即保持非政策干预因素外其他可能影响结果的因素在实验组与比较组之间的相似或一致，并且假设在决策方程中，是否接受政策干预取决于可观测的变量（例如年龄、性别、生活背景等），而非不可观测的变量（例如个人动机等特殊因素），因此，当评估者利用科学的方法将实验组与比较组进行配对后，只有政策干预与否这一因素会造成两组产出指标的差异。在这一基本假设下，匹配法依据可观测的变量找出适当的比较组，两个样本组在各类变量的分布上基本一致，即将实验组的环境复制到比较组上，并把比较组的产出结果作为实验组在未接受政策或项目干预时的结果指标❶。

---

❶ 卢珂．"新机制"对教育财政资源均衡配置的影响评价：基于配对模型的估计 [J]．北京大学教育评论，2014，12（1）：156—166，192．

（2）方法简述及比较。

可将工具变量、匹配、双重差分、断点回归设计四种计量方法从适用数据类型、进行比较的个体、所需假设、所需数据四个方面进行比较，见表1－5。

表1－5　计量方法比较

方法	方法描述	适用数据类型	进行比较的个体	所需假设	所需数据
工具变量	个体项目参与情况可由偶发事件或"工具"变量来预测，但该工具变量同最终的结果变量并不关联，仅对是否参与项目有影响	截面数据、纵向数据	将工具变量预测的参与项目的个体同预测的未参与项目的个体进行比较	如果"工具"变量对项目参与情况的预测能力有限，这个"工具"变量就缺乏解释效力	最终结果变量、工具变量和其他控制变量
匹配	在比较组中找到一个或多个与实验组个体具有相似特征的个体，然后将两者进行对比	截面数据、纵向数据	参与项目的个体同没有参与项目但具有相似特征的个体进行比较	没有用于匹配的变量（因为不可观测或不可测量）不会对结果造成偏差	参与个体和非参与个体的"匹配变量"和最终结果变量
双重差分	测量实验组及比较组的前后变化，并将两者相比较	纵向数据、重复截面数据	实验组和比较组两类个体进行比较	如果没有干预，实验组和比较组的个体会有同样的前后变化	实验组和比较组的前后二期数据
断点回归设计	全体个体根据关键变量和可测量标准进行排序，并设准入条件，再将参与项目的个体与没有参与的个体进行比较	截面数据、纵向数据	靠近准入标准但又不够资格参与项目的个体与参与项目的个体	在严格执行准入标准的前提下，靠近准入标准但不够资格的个体同那些刚好达到标准的个体之间没有显著的差异	最终结果变量、关键变量和其他控制变量

工具变量法是计量经济学提供的一种标准的处理内生性问题的方法。工具变量法最早是由埃尔利希（Ehrlich）提出的。标志性的研究是 1975 年埃尔利希运用时间序列数据和截面数据就美国执行死刑对降低谋杀率的影响进行的研究。埃尔利希认识到谋杀率与死刑执行率之间的双向因果关系，并试图用应用工具变量来解决其内生解释变量和遗漏解释变量的问题。他选择了此项政策支出的滞后量、总的政府支出、人口、非白人比例等变量作为工具变量，但并没有解释为什么这些变量是好的工具变量，所选出的这些工具变量与内生的解释变量之间又具有怎样的关联。直至埃尔利希分别于 1987 年和 1996 年的研究出版，其选择工具变量的考虑及相关的因果识别问题才得到详细的阐述。安格里斯特（Angrist）在 1990 年、1991 年等分别用工具变量研究了参加越战对老兵收入的影响和教育背景对收入的影响，从而充分显现了运用工具变量进行因果推断的价值。卡德（Card）等在 1992 年将学生的出生州与出生队列作为工具变量，研究了教育投入对教育质量的影响，从而使得教育产出、教育质量领域的研究出现了重大转折。邦德（Bound）等在 1995 年指出了安格里斯特等人的研究中存在的弱工具变量的问题，从而将工具变量的效率问题以及工具变量的选取准则引入研究。在此之后，有关工具变量研究的理论问题都主要集中在如何寻找最优的工具变量上。

工具变量法是一个相对简单的估计方法，易懂、易用，但是有两个重要的缺陷：一是工具变量的选择问题。在政策评估问题中，要找出满足条件的工具变量并不容易，在实践中，尤其是当纵向数据和政策实施前的数据可以获得时，研究者多使用因变量的滞后变量作为工具变量，但是，这同样会引发相关性，并不能从根本上解决问题；二是研究对象的行为异质性。如果个体对于政策的反应不同，只有当个体对政策反应的异质性并不影响参与决策时，工具变量才可用，但这是一个很强的假定，有时研究者不得不假定非理性，或者忽略研究对象的行为异质性。

匹配法是鲁森鲍姆（Rusenbaum）等人于 1983 年提出的，假设参与决策取决于一些可观察的变量，而非不可观察的个人特殊因子，也就是选择仅仅发生在可观测变量上，并且同时假定控制协变量之后，具有相同特征的个体对政策具有相同的反应。由于容易被理解，匹配法适用范围很广，除截面数据，还被广泛应用到纵向数据情形。在匹配法中，对于平均政策效应定义如下：

$$M(s) = \frac{\int E(\alpha \mid X, d = 1)\,\mathrm{d}F(X \mid d = 1)}{\int \mathrm{d}F(X \mid d = 1)} \tag{1.2}$$

式中，S 是给定条件 $d = 1$ 下 X 支撑的一个子集。$M(s)$ 的分母表示具有特征 S 的人群在整个参加组中占的比例，分子表示具有特征 S 的人群的平均政策效应。通过估计 $M(s)$ 来得到具有某些特征人群的平均政策效应，在 S 为整个支撑时，$M(s)$ 表示参加组的平均政策效应。并且在假设解释变量 X 的条件下，Y^0 和 d 相互独立，即在该假设条件下存在：

$$E(Y^0 \mid X, d = 1) = E(Y^0 \mid X, d = 0) \tag{1.3}$$

也就是可以用 $E(Y^0 \mid X, d = 0)$ 作为 $E(Y^0 \mid X, d = 1)$ 的非实际状况，估计出相关参数。

在实际的实证分析中，根据选择控制组匹配方法的不同，可以分为协变量匹配和倾向得分匹配等，但是协变量匹配会涉及多个协变量，导致"维度灾难"、计算过于复杂等问题，如果协变量能使条件独立假设成立，那么倾向得分能够成功降维，会有更好的应用。

匹配法在政策评估研究及咨询业都有较多的应用，并且在教育领域也有所应用。珀金斯（Perkins）讨论了此方法在流行病药效学上的应用，吉利根（Gilligan）等对在埃塞俄比亚农村实施的应急食品救援政策的效应进行了评估，桑德拉（Sandra）等对法国的一项再就业培训项目的效应进行了评估。国内学者近年来也开始运用此方法对社会公共政策的效应进行评估，陈玉萍等研究了滇西南山区改良陆稻技术的采用对农户收入的影响，李佳路对扶贫项目的减贫效应进行了评估，卢珂对"新机制"对教育财政资源均衡配置的影响进行评估，等等。

匹配法也存在一定的局限性，如其需要极强的前提假设、不能为所有的实验组个体找到控制组个体、数据量要求极大、结果的稳健性受到多种挑战等[1]。

双重差分（Difference – in – Differences Model），简称 DID 法，是赫克曼（Heckman）与霍兹（Hotz）在 1985 年、1986 年提出的，之后墨菲特（Moffitt）、伊莎（Eissa）和赫克曼等人分别对该方法进行了详细的说明与验证。

DID 法适合于纵向数据或者重复截面数据，要求至少有两个时点的观察值，即政策实施前和政策实施后，可以得到政策效应的一致估计。假设 t' 和 t 分别表示政策实施前和政策实施后观察的时点，k 为政策实施的时点，利用 Y_i 和 X_i，建立如下产出方程：

$$Y'_{it} = X'_{it}\beta + U'_{it} \quad t' < k \tag{1.4}$$

$$Y_{it} = X_{it}\beta + d_i\alpha_{it} + U_{it} \quad t \geqslant k \tag{1.5}$$

式中，$X_{it} = (X^1_{it}, X^2_{it}, \cdots, X^p_{it})$ 表示第 i 个人在 t 时刻所具有的对其结果 Y_{it} 有影响的一些可观测属性；d_i 为第 i 个人是否参与的决策变量；DID 法的基本思想是假设将产出方程中不可观察的个人特殊因子 U_{it} 分解为三部分。

$$U_{it} = \varphi_i + \theta_t + \varepsilon_{it} \tag{1.6}$$

式中，φ_i 表示只与自身相关、不随时间变化的部分；θ_t 表示只与时间相关、不随个体变化的共同趋势部分，也可以理解为受外界宏观因素影响

---

❶ 舒海兵，叶五一，李熠熠，等. 非实验数据政策效应评估理论与实证研究方法 [J]. 中国管理科学，2007，15（6）：140—148.

的自然增长部分；ε_{it} 为相互独立的随机误差项；假设 φ_i，θ_t，ε_{it} 三者均值为零，且相互独立。由于个人特殊因子 U_{it} 与 d_i 相关，所以无法通过式（1.5）直接估计出 α_{it}，但是我们对于实验组和比较组可以同时用政策前后两个时点的数据之差来消除与时间无关的系数 φ_i，这样便消除了个人特殊因子 U_{it} 与 d_i 的关系，就可以拟合式（1.5），然后再用实验组和比较组数据之差消除共同趋势 θ_t 部分，也就是利用两次差分，分别消去只与自身相关及只与时间相关的不可观察的因子，从而实现效应 α_{it} 的一致估计。即：

$$\widehat{\alpha it} = E\left[\left(Y_t^1 - Y_{t'}^1\right) - \left(Y_t^0 - Y_{t'}^0\right)\right] \qquad (1.7)$$

DID 方法允许不可观测因素存在，而且允许不可观测因素对个体是否接受干预的决策产生影响，更接近于现实，因此近年来在政策评估研究中得到了广泛的应用，但是在教育方面的应用并不多，比较典型的有卡德等在 1990 年对移民政策、最低工资制度对工资和就业的影响进行了研究；普哈尼（Puhani）对波兰 1991 年实施的失业救济政策改革对失业持续期的影响进行了评估；斯特瓦特（Stewart）对英国 1999—2001 年引入的最低工资制度对就业的影响进行了评估。国内学者周黎安等就农村税费改革对农民收入增长所产生的影响进行了评估，朱宁宁等对建筑节能政策的实施效应进行了评估，黄清等对 2002—2005 年电力行业放松规制的政策效应进行了实证研究，李楠等对国有企业改革政策进行了研究[1]。

DID 方法虽然已经有所改进，但是仍然存在对数据要求苛刻、个体时点效应很难控制、未考虑个体所处的环境对个体的不同影响等问题。

---

❶ 卫梦星. 基于微观非实验数据的政策效应评估方法评价与比较 [J]. 西部论坛, 2012, 22 (4): 42—49.

第二章 基于断点回归设计的
北京市示范性高中增值效应评估

1994 年，国务院《关于〈中国教育改革和发展纲要〉的实施意见》（中发〔1993〕3 号）提出"全国重点建设 1000 所左右实验性、示范性的高中"，1995 年出台《国家教委关于评估验收 1000 所左右示范性普通高级中学的通知》，2001 年《国务院关于基础教育改革与发展的决定》进一步强调"各地要建设一批实施素质教育的示范性普通高中"。其间，全国各省、市、县（区）投入大量的人力物力财力，陆续启动了示范性高中的建设工作。

2000 年北京市正式公布首批 6 所高中学校为国家级示范高中，之后从 2002 年到 2005 年分四批共审批 68 所示范性高中。示范性高中与其他普通高中相比获得了更多的教育资源投入，在招生等方面也获得了政策的支持。然而经过几年的发展，示范性高中是否达到了预期的效果，大量的资源投入对于学生的学业成绩产生了什么影响，示范性高中对学生有多大程度的增值效应（Value - Added Effects），示范性高中政策是否需要调整，这些问题都需要进行实证研究。

本章选取学业成绩（高考成绩）为结果变量，运用断点回归设计的计量方法，对示范性高中的增值效应进行实证研究，具体包括五部分，即研究背景、研究现状、研究方法、实证研究与拓展研究及政策建议。研究背景从示范性高中的由来、建设与认定、招生政策、拥有的教育资源四个方面总结示范性高中的相关背景与政策；研究现状从增值评估、示范性高中的相关研究等方面综述已有研究基础；研究方法从断点回归设计理论、发展历史、实施步骤及已有在教育领域的应用四个方面详细阐释本研究所选的实证方法——断点回归设计；实证研究结合北京市 X 区的相关数据，对示范性高中的增值效应进行实证分析；拓展研究及政策建议介绍所做的一些拓展性研究及本研究有待改进之处，最后在所有研究基础上提出政策建议。

研究结果表明，示范性高中对于录取分数线附近的学生的学业成绩没有任何显著的正面效应，无论文科还是理科、女生还是男生，相反对于某些类型群体有显著的负面效应，而成绩最好的其他普通高中（非示范性高中）对学生的学业成绩起到提升作用，并且对于部分群体正面效应显著，存在"大鱼小池塘"效应。因此应该引导个体理智选择学校、在示范性高中相关政策调整时更加关注学生实际获得、示范性高中未来应该更注重多样化发展，为学生提供更好地发挥潜能的环境。

第一节　研究背景

普通高中在整个国民教育体系中处于一个承上启下的关键位置，一方面作为义务教育的延续和提升，能够影响义务教育的发展；另一方面作为高等教育的预备，为其输送优秀生源，关系到高等教育的发展。同时，高中教育也是一种终结性的教育，是义务教育到职业生涯的过渡和衔接。因此，高中阶段的教育一直以来都是教育改革与发展的一个重点与难点❶。

本节从发展的由来、建设与认定、招生政策、拥有的教育资源四个方面总结示范性高中的相关背景与政策，为分析示范性高中的增值效应奠定基础。

一、示范性高中的由来

教育政策作为政府部门的方案选择，关涉价值选择问题。一项教育政策的价值取向合理与否，不仅制约着该政策的发展定位与决策思路，更影响其实施效果❷。

1. 由重点到示范

我国的重点学校政策由来已久。新中国成立初期，我国开始大规模进行经济建设，急需大批人才，当时教育资源匮乏，人才短缺，为了快出人才、出好人才，政府采取了集中稀缺教育资源办好重点学校的教育发展政策。重点普通高中政策自 1953 年提出并开始实施，成为新中国成立之初提出的精英主义取向的教育政策选择。20 世纪 80 年代以后，我国的重点中学政策有所转变，开始关注重点学校的示范性问题。1983 年 8 月，教育部在《关于进一步提高普通中学教育质量的几点意见》中，提出重点中学应"成为模范地贯彻党的教育方针，教育质量较高，具有示范性、试验性的学校。重点中学应逐步成为本地区中学开展教育、教学研究活动的中心"。❸

---

❶ 王柠. 高中教育到底"姓"什么：关于高中教育性质定位的讨论综述 [J]. 基础教育课程，2013（1）：42—44.

❷ 刘世清，苏苗苗，胡美娜. 从重点/示范到多样化：普通高中发展的价值转型与政策选择 [J]. 华东师范大学学报（教育科学版），2013，31（1）：39—43.

❸ 朱家存，王刚，段兆兵. 论示范高中的使命与责任 [J]. 教育发展研究，2009（12）：26—29.

2. 示范性高中的提出

1994 年国务院《关于〈中国教育改革和发展纲要〉的实施意见》提出"全国重点建设 1000 所左右实验性、示范性的高中",要求大城市市区和有条件的沿海经济发展程度较高地区要在普及九年义务教育的基础上,积极普及高中阶段教育（包括普通高中和高中阶段的职业教育）。普通高中可根据各地的需要和可能适量发展,每个县要面向全县重点办好一两所中学。1995 年出台《国家教委关于评估验收 1000 所左右示范性普通高级中学的通知》,并明确了示范性高中的标准,示范性高中是指全面贯彻教育方针,模范执行教育法律、法规和有关政策,办学思想端正,积极开展教育教学改革,教师素质和办学条件好,管理水平和教育质量高,办学有特色,学生德智体全面发展,社会和高等院校对其毕业生评价较好,有较长的办学历史,在省（自治区、直辖市）内、外有较高声誉的普通高级中学。2001 年《国务院关于基础教育改革与发展的决定》进一步强调"各地要建设一批实施素质教育的示范性普通高中"。

3. 示范性高中政策的价值取向

从"重点"到"示范"的变迁,蕴含着普通高中政策价值取向的转变。重点中学政策是在"多出人才、出好人才"的社会发展要求下的现实选择,其实质在于将有限的教育资源集中投放到少数学校,以求更好地为上一级学校输送高质量的生源。这一政策的价值着眼点在于高等院校,而落脚点却是少数重点高中与少数精英学生,体现了效率优先的价值取向,忽略或无视普通高中的独立育人价值。示范性高中虽然仍富集大量的优质教育资源,但也不断强调学校的社会责任,在《国家教委关于评估验收 1000 所左右示范性普通高级中学的通知》中就明确指出,一方面"示范性高中在加强德育工作、教育教学改革、教育科学研究、学校管理、勤工俭学等方面对其他一般普通高级中学起示范作用"；另一方面要有"对薄弱高中扶持、改进的积极措施，并取得一定成效"。上述评估标准表明决策者希望示范性高中在获得大量优质教育资源的同时，承担更多的示范责任与社会职能。

二、北京市示范性高中建设与认定工作沿革

北京市的示范性高中建设工作从 1999 年开始，历经 6 年，共认定示范性高中 68 所。之后对认定的示范性高中进行巡回复审。

1. 示范性高中建设

1999 年 3 月，为进一步加强北京市普通高中建设工作，提高全市普通高中整体办学质量和效益，北京市教育委员会计划通过各级政府、学校和有关部门共同努力，建设一批在全市乃至在全国具有较大影响的示范性普通高中，为此下发了《关于示范性普通高中建设工作的若干意见》（京教基〔1999〕017 号），明确了示范性普通高中建设的目的、意义和有利条件，示范性普通高中建设的标准、总体规划和实施工作。同年 12 月，中共北京市委、北京市人民政府印发《关于深化教育改革全面推进素质教育的意见》，启动示范性学校重点建设工程，要求建设 60 所国家级和市级示范普通高中，并使其中一批办成全国一流的名校。2001 年 8 月，北京市人民政府下发《北京市人民政府贯彻国务院关于基础教育改革与发展决定的意见》（京政发〔2001〕27 号），要求建设 60 所以上规模大、条件好、质量高的示范高中。2004 年，中共北京市委、北京市人民政府《关于实施首都教育发展战略率先基本实现教育现代化的决定》，要求充分发挥示范高中在实施素质教育、信息资源建设和创新人才培养等方面的示范、辐射和带动作用。2004 年，《首都教育 2010 发展纲要》颁布，要求"适当进行普通

高中布局调整和资源整合，把示范性高中建设，扩大高中优质教育资源的供给能力与改造办学相对困难学校相结合，普通高中保持在 300 所左右，其中市级示范性高中 60 所以上"。

2. 示范性高中认定与审查

2002 年，北京市认定首批北京市示范性普通高中，共 14 所［北京市教育委员会《关于认定首批北京市示范性普通高中的通知》（京教基〔2002〕42 号）〕。之后每年认定一批高中示范学校。2003 年，北京市认定第二批北京市示范性普通高中，共 12 所［北京市教育委员会《关于认定第二批北京市示范性普通高中的通知》（京教基〔2003〕20 号）〕。2004 年，北京市认定第三批北京市示范性普通高中，共 18 所［北京市教育委员会《关于认定第三批北京市示范性普通高中的通知》（京教基〔2004〕8 号）〕。2005 年，北京市认定第四批北京市示范性普通高中，共 24 所［北京市教育委员会《关于认定北京市示范性普通高中的通知》（京教基〔2005〕33 号）〕。至此，北京市共分四批认定了 68 所北京市示范性普通高中，68 所示范性普通高中覆盖北京市所有区县。

2006 年，北京市开始对已认定的示范性普通高中进行复审。复审工作本着实事求是、严格标准、鼓励为主、诫勉为辅、奖罚分明的基本原则，在对学校整体工作全面考查的基础上，重点对专家评审意见和群众反映学校的问题进行督查，复审主要针对学校贯彻教育方针、坚持依法办学、推进素质教育、加强两支队伍建设、深化教育教学改革、严格落实课程计划、创设学校特色以及根据专家评估意见整改等方面进行。复审方式为区县级复审、市级复审和综合评定。此外，其他省市在示范性高中建设方面也形成了一定的审核、管理机制。例如，上海市将对实验性示范性高中实行"能上能下"的管理机制，实验性、示范性高中没有定额，也不设终身制，"有多少评多少"，申报学校的实验项目、示范项目与活动将在网上公示，接受市民评议，如有学校违反教育法规、法令和政策，情节严重者也将被取消实验性示范性高中称号；四川省更是制定了相应程序对全省所有的国家示范性高中进行综合排名，其结果向全省教育战线进行通报，并根据需要向社会公布，排位不搞终身制，每年一评，在网上自动生成一个排行榜，末位淘汰，示范性高中不是"一劳永逸"的。

三、北京市示范性高中招生政策

根据市教委年度高级中等学校考试招生工作的意见，示范性高中采取考试招生的方式。具体包括三种方式，即提前招生录取、"名额分配"录取和统一招生录取三种方式。

提前招生录取。经市教委批准进行特色高中改革试验的项目可参加提前招生录取。参加提前招生录取的普通高中须向区县教委或主管部门提出申请，经区县教委或主管部门审核后，报市教委批准。

"名额分配"录取。参加"名额分配"录取的考生须参加高级中等学校招生考试，并将"名额分配"学校普通班专业填报在第一志愿第一专业栏内且不得参加其他提前招生学校的录取。具体实施方案由各区县研究制定，报市教委、北京市教育考试院备案，向社会公示后组织实施。

统一招生录取。2011 年前为按照考生报考志愿顺序，从高分到低分择优录取；之后为招生学校按照考试成绩，从高分到低分，依照志愿顺序，择优录取。凡被提前招生录取和"名额分配"录取的考生，不再参加统一招生录取。

示范性高中招生政策与其他公办普通高中相比主要存在三点不同：

提前招录：经市教委批准进行特色高中改革试验的项目可参加提前招生录取的学校，绝大部分为示范性高中。

示范性高中招生计划分配到初中校：2006 年起，北京市在普通高中招生时，进行将示范性高中部分招生计划分配到本区县初中校招收优秀应届初中毕业生（简称"名额分配"或"招优"）的试验。2006—2011 年，各学校招生计划的 5%～10% 用于招收初中学校优秀应届毕业生，2012 年其比例提高到 10%～12%。2008 年起，在东城、西城、海淀、朝阳、昌平、顺义六个获得"北京市教育工作先进区县"称号的区进行将示范性高中招生指标面向全市分配试点。示范性高中除面向本区初中校"招优"外，还要面向其他远郊区县的初中校分配一定的"招优"指标。同年，还鼓励各示范性高中校将 10%～12% 以外的部分计划用于跨区县或"手拉手"对口支援学校。2014 年、2015 年此比例增加为 30%、40%，之后年份仍会进一步增加（参加名额分配的学校范围有所扩大，2015 年增至 89 所优质高中）。

全市招生：示范性高中教育资源比较充裕的区县可适当编制跨区县招生计划，跨区县招生计划重点向远郊区县倾斜，跨区县招生计划以市教委下达的指导性计划为准。除示范性高中外的其他普通高中原则上不安排跨区县招生计划。2006—2009 年，示范性高中跨区县招生比例原则不超过学校招生总数的 30%。2010 年后，示范性高中跨区县招生计划有所下调。

由此可见，无论是从招生权限还是录取方式，示范性高中都较其他普通高中有更好的生源优势。

四、示范性高中的教育资源

"教育资源"一词最早产生于教育经济学领域，它一产生就带有明显的经济学特征。《教育大辞典》中的解释为，教育资源亦称"教育经济条件"，是教育过程中所占用、使用和消耗的人力、物力和财力资源，即人力资源和物力资源、财力资源的总和。教育资源投入与学生学业成绩的关系是各国制定教育政策的重要基础，也是教育经济学界讨论的热点问题。对于该问题的研究最早可以追溯到 1966 年的《科尔曼报告》。我国最早研究教育资源投入与产出关系的是蒋鸣和（1993），其研究发现校舍、设备条件、师资力量、教育经费等与学生学业成绩均有显著的相关性；薛海平（2007）运用分层线性模型研究发现甘肃农村初中教师素质对学生成绩有很大影响；胡咏梅和杜育红（2008，2009）使用两水平线性模型进行研究，发现教师任职资格、是否骨干教师、生均图书册数、生均公用经费等资源投入对学生学业成绩产生显著的正向影响❶。

对于示范性高中所拥有的教育资源，有学者进行过深入调查，刘凯❷对甘肃省 20 个区县，90 所高中（其中示范性高中 23 所，非示范性高中 67 所）所做的调查发现，非示范性高中与示范性高中在师资、教育经费、办学条件上均存在较大差异，如示范性高中教师本科学历达标率为 58% ~ 92%，高级教师占教师总数的比例为 13% ~ 29%，而非示范性高中的教师本科学历达标率为 22% ~ 55%，高级教师占教师总数的比例仅为 0 ~ 11%，示范性高中的教师水平远高于非示范性高中。

以本书中所用数据为例，选取其中较有共识的对学生学业成绩有影响的师资情况进行分析发现，从反映教师数量的生师比来看，示范性高中和其他普通高中差异不大；从反映教师质量、结构的教师学历与教师职称来看，示范性高中研究生学历教师比例为 11.33%，非示范性高中不足其一半，为 4.92%，示范性高中拥有高级教师的比例为 42.07%，也远超非示范性高中的 24.97%，示范性高中教师状况远远好于非示范性高中，对此情况见表 2 - 1。

---

❶ 胡咏梅，卢珂. 教育资源投入对学生学业成绩的影响力评价：基于西部地区基础教育发展项目的研究 [J]. 教育学报，2010，6（6）：67—76.
❷ 刘凯. 高中教育资源县域内配置失衡问题分析：以甘肃省 20 县区 90 所高中的调查为例 [J]. 上海教育科研，2006（3）：14—15.

表 2 - 1　示范性高中/非示范性高中师资状况比较

学校类别	生师比	研究生学历教师比例	高级职称教师比例
示范性高中	11. 45	11. 33%	42. 07%
非示范性高中	12. 26	4. 92%	24. 97%

综上分析，以重点校政策为基础，示范性高中的建设有很好的积累，同时享受有利的政策环境，在生源、师资等教育资源上有较为明显的优势，因此有必要深入研究其政策效果。

第二节　研究现状

本节从三个角度对现有研究进行归纳总结，增值评估研究和示范性高中的相关研究，为本研究中研究角度和内容的设计提供支持；教育政策评估研究方法及其应用，为本研究中研究方法的采用提供依据。

一、增值评价研究

"增值"本来是经济学术语，是指投入如原材料、能源等和最终成品销售价之间的区别。在教育评估中的"增值"是指一定时期的教育对学生学业进步所带来的积极影响。目前，国际上教育经济学领域已有一些对于增值效应的研究，这些研究主要从三个角度开展，即学校、教师与班级，研究选取测试成绩、毕业率等作为增值效应的结果变量（Outcome）。

1. 增值评估的概念及发展历程

以学校层面的研究为例，雅普·希尔伦斯（Jaap Scheerens），塞斯·格拉斯（Cees Glas）和萨利·M. 托马斯（Sally M. Thomas）认为学校增值评估就是以学生的学业成就为主要评价依据，通过相关的统计分析技术控制生源和学校背景等外部因素，将学校对学生发展的影响从生源和学生背景等这些非学校控制因素中剥离出来，进而测量一定时间内学生的进步幅度，以此试图发现一些学校的学生是否比其他学校的学生获得相对较大的发展❶。

增值评估包含两个重要理念：一是以学生在接受学校教育期间的进步情况作为评估依据，即增值理念；二是尽量将学校因素从其他因素中分离出来，找到学校的"净影响"，即净影响理念。

实际推动教育领域开展增值评估的主要原因是来自评估方法的发展与改进。在国外，增值评估的研究结果常常成为政府制定教育政策和学校质量评估标准的依据，以及学校提高教育质量的重要依据和可靠手段。比如，1992 年美国田纳西州政府率先采用增值评估系统作为州教育促进法案的一部分。随着达拉斯、北卡罗来纳等州将增值性评估应用于其教育问责制主体框架之中，增值评估正逐渐成为美国教育评估的主流方式；英国政府于 20 世纪 90 年代接受增值评估法，1992 年开始在兰开夏郡开展学校效能增值评估项目（Lancashire Value Added Project），2006 年学校效能的增值评估模式全面推行，并将增值评估指标作为一项重要的创新性指标加入已有的评估指标体系中。

2. 增值评估在教育中的应用

目前对于增值评估的研究，学校层面的内容最为丰富，包括关注一些特殊学校或者是学校获得的某些政策，如松平（Matsudaria）（2008）研究

---

❶ 杜屏，杨中超. 对学校效能增值评价的回顾与反思 [A]. 2010 年中国教育经济学学术年会论文集 [C]. 2010，12.

了暑期学校对学生学业成绩的增值效应❶；也包括对于学校效能稳定性、一致性等的研究，如格雷等（Gray et al）（1993）对 1990—1992 年 GCSE（General Certificate in Secondary Education）研究得出学校效能在整体上相当稳定的结论❷；托马斯和莫蒂摩尔（Thomas & Mortimore）（1996）采用 GCSE 数据对学生的英语增值排名和数学增值排名之间的相关关系进行研究，发现两个学科增值排名之间的相关系数是 0.46❸；史蒂芬·夏普（Stephen Sharp）（2005）以五岁儿童作为研究对象，通过年初和年末两次成绩测验来检验这些儿童第一年接受教育的进步情况，分析发现学校在提高英语和数学这两门核心课程成绩上同样有效❹；希尔（Hill P.）（1995）发现在小学英语学习中，女孩比男孩取得的进步更大，具有较高社会地位、较好经济状况的家庭背景的学生比来自低社会地位、经济状况较差的家庭背景的学生取得的进步更大，拥有低比例的非英语口语学生的班级比拥有高比例非英语口语学生的班级取得的进步更大❺；卡拉·斯库恩·雷德（Karla Scoon Reid）（2004）用 NAEP 的数据进行增值分析后得出结论，在4—8 年级，美国黑人学生语文成绩的进步要大于白人和亚裔学生，而此前按照平均分统计的结果则完全相反；等等❻。对于教师层面增值效应的

---

❶ J. D. Matsudaira Mandatory Summer School and Student Achievement ［J］. Journal of Econometrics，2008，142：829—850.

❷ Gray, et al. A multilevel Analysis of School Improvement：Changes in Schools, Performance Over Time ［A］. The 5th European conference of the European association for research on learning and instruction ［C］. 1993.

❸ Thomas, Pan, Mortimore. Comparison of Value Added Models for Secondary School Effectiveness ［J］. Researcher Papers in Education, 1996, 11：5—33.

❹ Stephen Sharp. Assessing Value – added in the First Year of Schooling：Some Results and Methodological Considerations ［J］. School Effectiveness and School Improvement, 2006, 17（3）：329—346.

❺ Hill, P. Factors. Affecting Students, Educational Progress：Multilevel Modeling of Educational Effectiveness ［A］. The 8th ICSIE ［C］. 1995.

❻ Karla Scoon Reid. "Value Added" Study Finds NAEP Gains for Black Students ［EB/OL］. (2004 – 03 – 17). http：//www. edweek. org/teaching – learning/value – added – study – finds – naep – gains – for – black – students/2004/03.

研究主要关注教师激励产生的学生学业成绩的增值效应，如勒维（Lavy）（2004）研究了以色列给教师奖金带来的学生学业的增值效应❶。对于班级层面的研究主要有安格里斯特（Angrist）（1999）❷、奥奇拉（Urquiola）（2006）❸ 关于班级规模对于学生学业成绩的增值效应研究。

我国学者对于增值效应的思想也有所反应，如马晓强、彭文蓉等人运用增值评估的方法对河北省保定市普通高中学校效能进行实证研究后，得出学校效能在不同学科间没有显著差异，学校对不同学生群体的效能无差异的结论❹；边玉芳、林志红等以浙江省金华市 39 所高中学校 2006 年参加高考的 15649 名考生作为样本，通过增值模型分析得出不同区域、类型的学校增值情况存在差异的结论❺；王家美、戴海琦等对江西省上饶市 30 所高级中学语文学科的增值评估结果显示，公办学校与民办学校、重点学校与非重点学校的效能有显著差异，学校对不同性别学生没有显著的效能差异，但对不同学习能力水平的学生有显著的效能差异❻。可见，国内对增值评估的研究内容主要集中在一致性的研究上。

纵观现有研究，从研究方法上看，此类研究主要利用最小二乘法回归（OLS），或者是利用面板数据。但是最小二乘法回归或者类似的方法，有严重的内生性问题，而利用面板数据来解决内生性问题可以去除不随时间变化的遗漏变量误差，却无法克服随时间变化的遗漏变量误差和反向因果

❶ Lavy V. Performance Pay and Teachers' Effort, Productivity and Grading Ethics ［D］. NBER Working Paper 2004, NO. 10622.

❷ Angrist J. D. , Victor Lavy. Using Maimonides' Rule to Estimate the Effect of Class Size on Scholastic Achievement ［J］. Quarterly Journal of Economics, 1999, 114 (2)：533—575.

❸ Urquiola M. Identifying Class Effects in Developing Countries：Evidence from Rural School in Bolivia ［J］. Review of Economics and Statistics, 2006, 88 (1)：171—177.

❹ 马晓强，等. 学校效能的增值评价：对河北省保定市普通高中学校的实证研究 ［J］. 教育研究，2006 (10)：77—84.

❺ 边玉芳，林志红. 增值评价：一种绿色升学理念下的学校评价模式 ［J］. 北京师范大学学报（社会科学版），2007, 204 (6)：11—18.

❻ 王家美，戴海琦，周延. 教育增值评估的实证研究：以江西省上饶市 30 所高级中学语文学科的评估为例 ［J］. 中国考试，2009 (9)：3—9.

误差，因此对于增值效应这一问题的研究主要困难在于研究方法。教育政策往往不是随机分配的，在很多情况下和学生的背景有关联，而一旦学生背景不可见，就会出现内生性问题，从而无法准确估计教育政策的效果。处理这一问题，有三类方法：一是强加随机分配，这就是所谓的随机实验；二是不对教育政策进行任何干预，通过计量的方法，例如工具变量，控制内生性问题；三是改变教育政策的分配方法，但不强加随机分配，而是把学生的自选择变成基于某种规则的他选择，解决内生性问题，断点回归设计（Regression Discontinuity Design）即属于这类方法。

二、示范性高中的相关研究

尽管，1994 年国务院《关于〈中国教育改革和发展纲要〉的实施意见》提出"全国重点建设 1000 所左右实验性、示范性的高中"，但是这并没有引起学者对于示范性高中的关注。2000 年前，对于示范性高中的研究非常少，大量的研究在 2003 年前后开始出现。研究的关注点随着示范校工作的推进及研究的不断深入，在不断地变化。

1. 国内的研究状况

2003 年前后，学者主要关注示范性高中应该示范什么、如何建设示范性高中等。学者认为，创建示范性高中尊重了当时教育资源占有不均的客观事实，其主要功能应是辐射、凝聚和带动普通高中发展，应在教育观念、办学模式、管理模式、课堂教学、教育信息化、校园文化建设等方面起到示范作用，具体表现为：更新教育观念，实现"应试教育"向素质教育的根本转变；创新办学模式和管理模式，提升高中教育整体改革水平；进行课堂教学改革，全面提高教育质量；加快教育信息化建设，实现资源共享；提高服务意识，发挥名校名师带动作用；注重校园文化建设，铸造学校精神❶。而对于如何建设示范性高中，学者认为创办示范性高中关键在于强调建设过程，而建设过程永远是一个不断完善、与时俱进的、不懈追求的过程，不是简单鉴别学校现有的办学水平，而是面向学校的未来发展，不断建设、不断完善、不断提高、不断发展；创办示范性高中必须突出学校特色，要在先进的办学思想指导下，按照教育规律办事，形成自己独特的、个性化的、相对稳定的办学色彩和风格；创办示范性高中要强化重点建设部位，关注办学理念的提升和教育思想的建设，强化教师的校本专业发展，强化课程改革的研究和实施；强化信息技术在教学和管理中的广泛应用；创办示范性高中要建立和完善发展性示范推广体系，针对高中教育发展面临的重点、难点和热点问题，围绕改革与发展中亟待解决的理论和实践问题，形成示范性高中群体攻关、优势互补的实验研究体系，示范性高中要结合各自的经验积累，通过现场会、研讨会、交流会及网络传输、文本传递等方式，输出经验、推广经验，逐步建立经验推广的制度，形成经验推广的体系，对口扶持薄弱高中，建立长期稳定的帮扶关系，为薄弱学校提供教师培训、教学研究、课程资源等方面的支持，建立起对口支援体系，加强与社区的沟通与合作，发挥自身的优势，为社区建设和发展服务，建立起社区辐射体系❷。

2005 年前后，学者仍然持续关注示范性高中应该示范什么，如何起到示范作用，但关注的重点转向示范性高中评估，同时对于示范性高中的社会责任等有所探讨。对于示范性高中评估，既要关心"硬件"建设，同时应更多地关注"软件"建设，教育部对学校的"硬件"建设不做全国性的规定，这并不是说"硬件"建设不重要，而是要通过评估，引导大家在"软件"建设上多下功夫。在评估方向上应从精英性高中评估走向大众化高中评估，如果高中评估是促进高中发展的一种手段，那么只有少数学校

---

❶ 张良才. 示范性高中示范什么 [J]. 教育科学研究，2003（7）：29—30.

❷ 牧童. 关于示范性高中建设的理论思考 [J]. 教育探索，2003（11）：1—3.

感兴趣的示范性高中评估政策，显然违背了基础教育大众化，学校评估民主化，向社会提供高质量的高中教育，办让人民满意的高中教育的宗旨。未来高中评估的走向应该是大众化，即关注每一所高中的发展，让每一所高中都能在评估过程中学会自我诊断与改进，提升学校的办学水平与办学能力，形成各具特色的学校精神与文化。大众化高中评估的核心应是特色而不是分等，是建设而不是鉴定，是真正的"以评促改"和"以评促建"。所以，示范性高中评估应该走下圣坛，走向大众，实现示范性高中评估由选拔性评估向发展性评估的转向。选拔性高中评估是一种绝对评估，它注重的是学校之间的横向鉴定与比较；而发展性评估是一种相对评估，它注重的是学校自身的纵向发展与增值。发展性评估并不完全排斥横向比较，但它比较的不是学校的绝对水平，而是学校在原有基础上的进步度与增加值，看重的是学校的努力程度，是一种更公平的比较，可以调动每一所学校的积极性。从根本上说，发展性评估所看重的进步不是硬件设施的改造与更新，而是学校特色与学校文化的形成，是学校的能力提高与价值提升，发展性评估关注的是内涵发展，而不是外延发展；重视的是自主发展，而不是被动发展。它不只看学生学业成绩的增值，更看学生态度、情感与价值观的发展。应由政府主导型高中评估走向社会参与型高中评估，转变教育行政部门的评估职能，树立"有限政府"的意识，同时赋予学校必要的办学自主权，确立学校的独立法人地位。未来示范性高中评估应着重于建构以学校自主发展为核心、让社会力量积极参与的评估体制。教育行政部门要做好自己该做的事，切实发挥教育行政部门在示范性高中评估中的方向引导和服务保障功能，而不是要否定教育行政部门的作用；要引导、促进学校自主发展意识的生成，调动学校内在的发展动力，提升学校的能力与价值观；要在示范性高中评估中引入市场的力量，把社会中介机构作为多元化评估主体中的重要部分，努力寻求社会力量的广泛参与。坚持评估主体的开放性，有助于抑制评估的主观性，保证评估的客观性❶。从社会责任的角度，学者认为示范性高中应该坚持高尚的教育理想和社会理想，做坚定推进素质教育的示范者，在教育领域做促进社会和谐发展的模范；真正能够发挥示范作用的是学校内涵发展的思路、途径和方法，也就是一所学校发展中以人为核心的内在素质发展，这是学校长期可持续发展的基础，因此示范性高中要做学校内涵发展的示范者❷。

2008 年以来，学者对于示范性高中的关注转向其未来的发展方向。随着高中阶段教育毛入学率的不断提升，普通高中教育已经从精英阶段走向大众化阶段，学者认为在新的发展阶段，示范性高中应该关注特色建设，走内涵示范之路，在两方面进行示范：一是学校特色方面的示范，特别是在办学理念、课程设置、教学特色、教师专业发展、校园文化等方面的特色示范。示范性高中发展的决定因素不在硬件而在软件，不在楼高而在办学特色，且各有其自身的历史与文化，教师与生源也不同。因此应从这种实际情况出发，形成自己的办学特色，特别是教学特色，而不仅是艺术和体育等具体技能层面上的特色。二是学生个性特色方面的示范，示范性高中在进行学校特色示范的同时，还应关注学生个性特长的发展，在学生个性特长的形成方面发挥示范作用。如何在学校的培养目标、课程设置、教学实施、社团活动中体现学生的个性差异、满足每一个高中生个性发展和终身发展的需要，这是示范性高中进行示范的基本方向。也有学者认为示范性高中更应该关注多样化发展，对于学校而言，多样化意味着需要充分发挥各学校的主体性和积极性，要能在一定的政策空间内根据学校自身的实际情况追求自我定位与发展，多样化对于学生而言，意味着需要尊重学生的差异与个性发展，要努力为每个学生提供"适合的教育"，为学生的个性差异和发展提供多条路径、多种方法，最大限度地促进学生个体潜能适宜的发展。

---

❶ 邬志辉．示范性高中评估应向何处去 [J]．中小学管理，2005（4）：5—8.
❷ 高洪源．论示范性高中的社会责任 [J]．中国教育学刊，2008（4）：3—6.

2. 国外研究状况

国外虽没有明确的示范性高中，但是 20 世纪 70 年代以来，英、美等国出现了以"有效学校""学校改进"和"学校重建"为代表的、"以提高教育质量，促进学校发展"为主旋律的优质学校的改革运动。尽管各个国家对于优质学校的定义不尽相同，但实质都是为了提高本国整体的教育水平和教育质量，试图通过权威性的教育评估，评选出一批优秀的学校，作为示范性、实验性学校，以辐射、带动一般学校或薄弱学校。其研究中优质学校的特征、评估两个方面对我们的研究有比较好的借鉴作用。

优质学校的特征研究：美国学者埃德蒙德（Edmund）最先对优质学校进行研究，他认为优质学校应该具备的特征是校长拥有强大的领导能力，教师对学生的表现持有较高期望，整洁、有序的学校环境，经常对学生的进步做出评价，教师掌握基本的教学技巧。另一位美国当代非常有影响的教育理论家和研究者约翰·古德莱德（Johnl Goodlad）认为，成功学校的基本特征是校长拥有专业的和有目的的领导能力，教师之间有强大的凝聚力、共生共存，重视教师的专业发展和知识的更新，教师、社会代表、家长参与学校管理，创建以工作为中心的环境，建立教师与学生之间的最大限度的沟通机制，积极的工作、学习氛围，评价反馈机制，经常组织会议、建立民主的会议表决机制。英国学者迪菲（Diffy）在 1995 年时提出，一所优质的高质量学校应具备的特征有：校长具备卓越的领导能力，同事、家长和教育管理者对学校领导拥有绝对的信心，为所有的学生包括高期望值的学生提供令其满意的师资，完成所有的国家课程，学校着重关注学生精神的、道德的、社会的和文化上的发展，保障学生身体和精神上的安全，做好危机的预防工作，很好地管理和高效率地使用资源，包括财政资源。

优质学校的评估研究：2004 年，美国农村教育研究机构——农村学校和社区信托组织提出了美国优秀高中的评价标准。他们认为，一个优秀的高中主要是需要符合七个方面的要求，分别是课程和指导，与社区的联系，民主实践，支持系统，教师，设施以及领导。通过在这七个方面设置具体的标准来对学校进行评估。英国优秀的高中是具有优异的技能、知识或经验的学校，他们的目标是确定、传播、推动该学校专长的优秀实践，并为伙伴学校提供学习的榜样。所有申请示范称号的学校必须是以教师专业发展作为该校的首要教育特色与专长。它的评估标准是该学校能够提供高质量的教育，并且用高标准要求所有的学生❶。

由此可见，无论是国内还是国外的研究，对于示范性高中更多关注的都是示范性高中有什么样的特征、示范什么、如何建设示范高中、评价标准等，对于其办学效果很少有关注，研究形式上也多为论述性，实证性研究比较匮乏，而增值评估为示范性高中提供了很好的研究视角，学业成绩是学校层面增值评估中比较公认的结果变量，因此本书选取学业成绩（高考成绩）为结果变量对示范性高中的增值效应进行实证研究，在一定程度上弥补了现有研究的不足。

第三节　研究方法

本节详细介绍本书所选取的实证研究方法——断点回归设计，主要包括断点回归设计的理论、发展历史、使用步骤及已有的应用四个方面，期望从理论到应用，完整地对于断点回归设计这一方法进行阐释。

随机实验是因果关系分析实证方法中最优的选择，但是随机实验的时间成本、经济成本等都比较高，而且很多情况下无法开展随机实验，那么

---

❶ 乔祯. 区域内示范性高中建设的理论与实践研究［D］，福州：福建师范大学，2011.

就需要考虑应用其他的计量方法。断点回归设计是仅次于随机实验的，能够有效利用现实约束条件分析变量之间因果关系的实证方法。

一、断点回归设计理论

断点回归设计是一种拟随机实验，接受处置（Treatment）的概率是一个或几个变量的间断函数。断点回归设计的优势体现在两个方面：第一，断点回归设计可以应用于由于经济成本或是伦理道德问题，随机实验不能进行的环境；第二，断点回归设计优越于所有其他已知的因果推断计量方法，其结果接近于随机实验结果。

使用条件：如果变量 d 表示处置效应，X 表示决定处置的关键变量，那么 $d^+ \equiv \lim_{x \to x_0^+} E[d_i \mid X = x]$ 和 $d^- \equiv \lim_{x \to x_0^-} E[d_i \mid X = x]$ 必须存在，并且 $d^+ \neq d^-$。也可以表述为，存在一个关键变量 X，如果该变量大于一个临界值 x_0 时，个体接受处置；而在该变量小于临界值 x_0 时，个体不接受处置，也就是在临界值两侧接受处置的概率是不相等的，即 $d^+ \neq d^-$。

评估分类：断点回归设计包括临界值是确定的和模糊的两类。临界值是确定的（Sharp），即在临界值一侧的所有观测点都接受了处置，另一侧的所有观测点都没有接受处置，此时接受处置的概率从临界值一侧的 0 跳到另一侧的 1。临界点是模糊的（Fussy），即个体接受处置效应的概率均大于 0、小于 1，个体在临界值一边接受处置的概率大于在临界值另一边接受处置的概率，也就是在临界值附近，接受处置的概率是单调变化的。

评估思想：如前所述，断点回归设计利用小于临界值的个体作为比较组来反映个体没有接受处置时的情况，尤其是在变量连续的情况下，很好地解决选择偏差问题，从而很好地反映处置和结果变量之间的因果联系，且在一定的假设下，无论是哪一类型的断点回归，都可以利用临界值附近样本的系统性变化来研究处置和结果变量之间的因果关系。

二、断点回归设计发展历史

断点回归最早由美国西北大学的心理学家坎贝尔（Campbell）于 1958 年发展设计，直到 20 世纪 80 年代，坎贝尔研究组一直从事断点回归的设计和研究工作，虽然研究中也出现过一些问题，发展也较为波折，但总体推动了研究不断深入。

断点回归设计第一篇科研论文是蒂斯特勒韦物（Thistlethwaite）和坎贝尔于 1960 年正式发表的，他们在文章中提出断点回归设计是在非实验的情况下处理处置效应（Treatment Effects）的一种有效的方法，当时的断点回归设计主要应用于心理学和教育学领域。

1963 年，坎贝尔和斯坦利（Stanley）为断点回归提供了更加清晰的概念，但是他们并没有在统计上给出断点回归设计的证明。在他们看来，断点回归设计利用了一个取决于某连续变量的间断函数，这个间断函数完全决定了个体是否受到处置，这就使得样本选择的细节完全展示出来，进而使我们知道样本选择的问题所在，从而解决了选择性偏误（Selection Bias）问题。此外，他们还认为断点回归仅是在间断的临界值处，这类似于随机实验，其推论的有效性也仅局限于间断的临界值处。

之后断点回归方法的应用还停留在一种直觉的推导，而缺乏统计上严密的证明。高登伯格（Goldberger）在 1972 年曾对断点回归的无偏因果推断进行了证明，可惜他的论文并没有得到发表，这主要是因为他认为断点回归的适用环境是一个高度理想化的环境，其适用范围十分有限，从而使得人们忽视了断点回归设计方法的应用，也使得断点回归设计在很长一段时间内消失在人们的视野之中。

鲁宾（Rubin）在 1977 年，萨克斯和伊尔维萨克（Sacks & Ylvisaker）在 1978 年分别进行了一定的探索。鲁宾关注个体是否接受处置仅取决于一个关键变量的情况下，处置效应能否在关键变量的整个范围内得到无偏的因果推断。萨克斯和伊尔维萨克对断点回归设计方法，在理论上给予了较粗略的证明，他们将被解释变量分解为观察变量的线性组合再加上一个非随机的误差项，其估计方法类似于局部非参数回归（Local Nonparametric Regress Regression），探索其有效性是否可以扩展到关键变量的整个领域。此时，坎贝尔等人所认为的断点回归适用性仅局限于临界值附近这一论断被证伪。与此同时，其他因果推断方法的不足之处也逐渐地被认识，比如工具变量法存在局限性，特别是排他性（Excludability）条件难以满足，难以保证工具变量仅通过影响关键解释变量而影响到被解释变量，寻找合适的工具变量存在相当的困难。拉莱恩德（Lalonde）在 1985 年发现赫克曼的样本选择模型并不能产生和随机实验一样的结果，等等。

因果关系的推断是学者所关注的最主要的问题，现有的因果推断方法都不能找出完全合理的因果关系，断点回归设计研究的不断推进，优势的不断呈现，使得学者们开始逐渐将目光转向了断点回归设计。

特罗奇姆（Trochim）在 1984 年继续了其老师坎贝尔的工作，综合了之前关于断点回归设计的理论和方法，并且将断点回归类型分为两类，即如前所述，特罗奇姆特别对第二类断点回归问题进行了研究，并利用该方法进行实证研究。与坎贝尔的观点不同，特罗奇姆认为断点回归的应用性并非那么狭隘，相反其应用范围还十分广泛。特罗奇姆的最大贡献在于，强调决定处置的关键变量不仅可以是一个单一变量，而且可以是一个合成变量。

从 1958 年被提出，30 年后，断点回归设计的优势逐渐被学界所认可，对其研究更加深入，应用开始广泛起来。哈恩等（Hahn et al）在 2001 年为断点回归的模型识别和模型估计进行了严格意义上的理论证明，并提出了相应的估计方法。李和列米欧（Lee & Lemieux）在 2010 年也通过形象的例子展示了断点回归和随机实验的相似性，等等。断点回归设计方法的研究近乎完善，其在经济学等领域的应用如雨后春笋般出现❶。

三、断点回归设计的实施步骤

断点回归设计主要有三个实施步骤，即判断是否存在断点及处置效应、同时利用临界值两边的样本进行回归、对断点回归设计的结果进行稳健性检验。但确定型和模糊型略有差别，主要体现在对临界值两边样本进行回归的方法上。

1. 判断是否存在断点及处置效应

将样本点和决定处置的关键变量在坐标系中描述出来，判断在临界值附近的样本点是否存在跳跃，如果样本点存在跳跃，即存在处置效应，再做进一步细致的计量实证分析。

为了使图形更为直观，一般会根据决定处置的关键变量来划分箱体和箱体的范围，并在该范围内计算变量的均值。箱体的范围需要大到包含足够多的样本使其样本点在临界值两边都比较平滑，但又要小到一定程度使样本点在临界值处的跳跃能够明显地显现出来。

$(b_k, b_{k+1}], b_k = c - (K_0 - k + 1) \times h$，其中 x_0 为临界值，k 为箱体个数，h 为箱体范围即带宽，每个箱体中的样本数量，$N_k = \sum_{i=1}^{N} 1\{b_k < X_i \leqslant b_{k+1}\}$，其中 X_i 为决定处置的关键变量，箱体的平均值，$\overline{Y_k} = \frac{1}{N_k} \sum_{i=1}^{N} Y_i \times 1\{b_k < X_i \leqslant b_{k+1}\}$，之后画出 $\overline{Y_k}$ 和 X_i 之间的曲线关系。

而选择箱体的范围主要是 2010 年李和列米欧提出的两种方法，第一种

---

❶ 余静文，王春超. 新"拟随机实验"方法的兴起：断点回归及其在经济学中的应用 [J]. 经济学动态，2011（2）：125—131.

是根据对数据的观察决定使用 K 个箱体，然后对 K 个箱体的虚拟变量做回归，之后将箱体范围缩小二分之一，使得箱体由 K 个变为 2K 个，将 2K 个箱体的虚拟变量作为解释变量再做一次回归。由于使用 K 个箱体虚拟变量的回归是内嵌于使用 2K 个箱体虚拟变量的回归之中的，因此，可以使用标准的 F 检验来比较判断 K 个箱体和 2K 个箱体的优劣。第二种方法根据的原理是，如果箱体足够小，那么被解释变量和决定处置的关键变量将不会出现系统的联系，因此，可以将被解释变量对箱体的虚拟变量以及该虚拟变量和决定处置的关键变量的乘积项做回归，并使用 F 检验来判断虚拟变量和关键变量的乘积项是否显著地为 0，通过以上方法得到合适箱体的范围。

2. 同时利用临界值两边的样本进行回归

回归可选择参数或者非参数估计，一般而言，采用局部线性回归进行非参数估计。

对于确定型断点回归设计，回归公式如下：

$$\tau_{SRD} = \lim_{x \to x_0^+} E(Y \mid X = x) - \lim_{x \to x_0^-} E(Y \mid X = x) \tag{2.1}$$

对于模糊型断点回归设计，回归公式如下：

$$\tau_{FRD} = \frac{\lim\limits_{x \to x_0^+} E(Y \mid X = x) - \lim\limits_{x \to x_0^-} E(Y \mid X = x)}{\lim\limits_{x \to x_0^+} E(D \mid X = x) - \lim\limits_{x \to x_0^-} E(D \mid X = x)} \tag{2.2}$$

也就是要看结果变量 Y 对关键变量的回归在临界值处之差除以处置变量 D，对关键变量的回归在临界值处之差。

断点回归设计中带宽 h 的选择，主要有两种方法，第一种方法是根据拇指规则对整个样本的数据进行估计，求最优带宽；第二种方法是较差验证法，求最优带宽。在断点回归设计中加入其他控制变量，可以消除小样本偏差，同时也能使估计更为准确。也就是，如果控制变量 Z 以 X 为条件的分布在临界值处是连续的，那么 Z 的加入对处置效应的估计几乎没有影响，因为 Z 是独立于处置效应的，同时，只要 X 接近临界值，Z 的加入就不会对估计的偏差产生任何影响，且如果 Z 与被解释变量有关，控制变量的加入还可以改进估计的精确性。

3. 对断点回归设计的结果进行稳健性检验

首先，需要检验其他控制变量在临界值处是否存在跳跃，如果其他控制变量在临界值处存在显著的跳跃，那么被解释变量在临界值处的跳跃将不止是由于处置效应所带来的，这使得断点回归设计不能进行有效的因果推断。其次，需要检验决定处置的关键变量的条件密度是否存在不连续的情况，如果条件密度发生了跳跃，那么说明存在个体操作关键变量的可能。为此，可以计算每个箱体中样本的数量，将其作为纵轴，将关键变量作为横轴，通过图形和回归分析来考察关键变量的分布在临界值处是否存在跳跃。如果存在跳跃，则个体可能存在操作处置，从而使断点回归方法失效。再次，需要检验当临界值取其他值时，变量是否存在跳跃。如果变量不仅在临界值处存在跳跃，而且也在其他值处存在跳跃，那么变量的跳跃是由处置效应造成的这一推断就值得怀疑，可能还存在其他因素决定变量在临界值处跳跃的情况。最后，需要在计量模型估计时，使用不同的带宽，并且分别考虑加控制变量和不加控制变量的情况，以此来考察不同的计量模型是否对结论产生了显著的变化。

四、断点回归设计在教育领域的应用

断点回归设计最初的应用始于心理学、教育学领域，同时教育领域的行政主导性强，外生制定的政策种类较多，所以断点回归在教育经济学领域中的应用在近些年十分常见，大量的研究为政策的评估与新政策的制定提供了重要依据。

以色列教育制度对班级大小有规定，即班级大小必须小于或等于 40
人，如果超过 40 人，必须将原来的班级分成两个班级。安格里斯特和勒维
（Angrist & Lavy）（1999）利用断点回归设计研究班级的大小对学生成绩和
教育质量的影响，他们发现班级学生人数越少，其学生的考试成绩越好[1]。
同一个问题，郝克斯比（Hoxby）（2000）运用断点回归研究班级大小对教
育质量的影响，并考虑到入学对年龄的要求会导致不同年级的人数有差
别[2]，而差别又会对班级大小产生影响这一机制，其实证结果并没有支持
安格里斯特和勒维（1999）的结果。

布莱克（Black）（1999）利用家庭所属入学区不同这一特征，将入学
区之间临界线两侧的样本作为研究对象，估计了入学区之间存在的教育质
量差异对房屋价格的影响，并以此考察了为获得更优质的教育家庭的支
付意愿，其研究结果表明，如果小孩测试分数提高 5%，家长愿意多支
付 2.5%[3]。

翰利·姜（Hanley Chiang）（2009）利用美国佛罗里达州实施的对教
学质量没有达标的学校进行惩罚这一规定，使用断点回归的方法研究了这
种激励措施对教学质量的直接影响。他发现受益于这种激励，学校的教学
质量，特别是学生的数学成绩有了一定幅度的改进，同时，学校也加大了
教学基础设施建设、实验工具和教师培训方面的支出[4]。

英国规定中学必须获得学生家长一定份额的票数才能进行自治，克拉
克（Clark）（2009）运用断点回归研究了通过投票方式获得自治的学校和

---

[1]　Angrist J. D., Victor Lavy. Using Maimonides' Rule to Estimate the Effect of Class Size on Scho-
lastic Achievement [J]. Quarterly Journal of Economics, 1999, 114 (2): 533—575.

[2]　Hoxby, C. M.. The effects of class size on student achievement: New evidence from population
variation [J]. Quarterly Journal of Economics, 2000, 115 (4): 1239—1285.

[3]　Black, S. E.. Do better schools matter? Parental valuation of elementary education [J]. Quar-
terly Journal of Economics, 1999, 114 (2): 577—599.

[4]　Hanley Chiang, H.. How accountability pressure on failing schools affects student achievement
[J]. Journal of Public Economics, 2009, 93 (9/10): 1045—1057.

没有获得自治的学校在教学质量上的差别，他发现得到自治权的学校在考试通过率上表现更好❶。

国内很少有学者应用断点回归设计方法进行实证研究，为数不多的几篇研究文章均出现在近期，但无教育领域内的应用。例如，张建同等人，运用断点回归设计对上海市 2015 年 1 月至 2 月的房地产价格指数和地方财政收入月度数据进行实证研究❷；席鹏辉等人，利用断点回归设计检验空气污染对地方环保投入的影响❸；邹红等人基于国家统计局城镇住户调查的家户数据，利用退休制度对城镇男性户主退休决策的外生性冲击，在断点回归设计框架下采用工具变量参数估计法和非参数估计法检验了我国是否存在退休消费骤降现象，并探讨了其原因❹。

从上述分析可见，断点回归设计是研究政策效果的重要实证研究方法，可以准确地判断政策的实施效果，但是其有效范围有限，结果仅能解释断点附近的样本，对远离断点的样本无法进行解释。对于断点附近的准确判断已经能够提升政策评估的科学性，因此教育政策评估很有必要引入此方法，新方法的引入能进一步提升教育政策评估的准确性、深入性。

第四节　实证研究

本节在前三节的基础上，深入研究示范性高中校政策对学生学业成绩

---

❶ Clark，Damon. The performance and competitive effects of school autonomy ［J］. *Journal of Political Economy*，2009，117（4）：745—783.

❷ 张建同，方陈承，何芳. 上海市房地产限购限贷政策评估：基于断点回归设计的研究 ［J］. 科学决策，2015（7）：1—23.

❸ 席鹏辉，梁若冰. 空气污染对地方环保投入的影响：基于断点回归设计 ［J］. 统计研究，2015，32（9）：76—83.

❹ 邹红，喻开志. 退休与城镇家庭消费：基于断点回归设计的经验证据 ［J］. 经济研究，2015（1）：124—139.

的影响效果，结合北京市 X 区的相关数据，对示范性高中的增值效应进行实证性研究，并对结果进行分析。

一、研究设计

选取学生的学业成绩（高考成绩，数据分析中表述为 SEEC）作为结果变量，选择断点回归设计作为计量方法，对示范性高中增值效应进行评估。学生的入学成绩即中考成绩（数据分析中表述为 SEEH）为关键变量，是否进入示范性高中是由关键变量决定的处置效应，在录取分数线附近进入示范性高中的学生为实验组，未进入但背景与示范性高中录取的学生接近的为比较组，分析示范性高中政策对学生的学业成绩的增值效果。

二、数据来源

研究所用数据来自北京市 X 区，数据包括学生信息、家长信息、学校信息三部分，学生信息包括学生的性别、年龄、中考成绩（2005 年）、高考成绩（2008 年）、入学方式、学生高中的文理科选择等，家长信息包括家长的学历、从事的职业等；学校信息包括学校规模、专任教师状况（数量、学历、职称年限等）、校长状况（年龄、职称、学历、任职年限等）等。

X 区共有 11 所普通高中，其中示范性高中 2 所，其他普通高中 9 所，研究所用数据为该区 2005 年中考升入高中、2008 年高中毕业的学生的全员数据，共 3867 名，其中有 7.9% 的学生没有参加高考。

三、描述性统计分析

对 11 所学校（SA – SK）的信息进行描述性统计分析，其中 SA、SB

为 2 所示范性高中，学校按中考最低录取分数排序，11 所学校中 7 所为城区学校，4 所为农村学校。

在普通高中中，男生比例略高于女生（男生 54.5%，女生 45.5%），学校之间差别很小，只有 1 所学校，女生比例略高于男生（男生 49.8%，女生 50.2%）。各学校学生年龄均为 18 岁，无论学生的中考成绩还是高考成绩，示范性高中明显高于其他普通高中，尤其 SA 明显高于其他学校。

从学生的家庭背景来看，示范性高中具有本科及以上学历的家长比例要略高于其他学校，但并不是比例最高的（父母为本科以上学历比例最高的学校为 SG），学校之间差别很大（父亲为本科及以上学历比例为 0~53.7%，母亲大学及以上学历比例为 0~39.0%），城区学校家长的学历要高于农村学校；从父母所从事的职业来看，务农的家长比例示范性高中并不低于其他普通高中，相对城区学校家长务农的比例低于农村学校。

从学校的情况来看，示范性高中相对规模较大，城区学校规模明显大于农村学校；从生师比来看，示范性高中由于招生数量大，班级规模大，因此与其他普通高中相比，学校之间存在一定的差别（9.363~15.333），高低比超过 1.5 倍；从教师的学历来看，示范性高中教师研究生学历的比例明显偏高，城区学校明显高于农村学校；从中考的录取分数来看，示范性高中高于其他普通高中，但是差距并没有非常明显，如学校 SB 录取分数为 474 分，而非示范性普通高中 SC 录取分数为 468 分，这为采用断点回归设计进行深入的增值分析提供了重要数据基础，但是城区学校与农村学校的录取分数存在较大差别，农村学校最高的录取分数为 399 分，而城区学校最低的录取分数也为 436 分，差距近 40 分，具体情况见表 2－2。

表2-2 描述性统计

统计量	总计	SA	SB	SC	SD	SE	SF	SG	SH	SI	SJ	SK
学生信息												
考试成绩❶												
高考成绩	0.000 (1)	1.003 (0.722)	0.397 (0.714)	0.382 (0.694)	0.040 (0.603)	-0.262 (0.796)	0.247 (0.676)	-0.377 (0.835)	-1.210 (0.752)	-0.862 (0.644)	-1.127 (0.718)	-0.759 (0.681)
中考成绩	0.000 (1)	1.219 (0.438)	0.615 (0.265)	0.465 (0.444)	0.021 (0.362)	-0.028 (0.420)	0.028 (0.685)	-0.215 (0.470)	-1.737 (0.945)	-0.910 (0.431)	-1.237 (0.831)	-1.058 (0.502)
学生背景												
性别	0.545	0.573	0.509	0.566	0.498	0.532	0.557	0.557	0.551	0.525	0.504	0.58
年龄	18.718 (0.712)	18.458 (0.609)	18.716 (0.702)	18.770 (0.721)	18.772 (0.714)	18.756 (0.745)	18.701 (0.702)	18.804 (0.749)	18.752 (0.638)	18.757 (0.733)	18.748 (0.688)	18.888 (0.702)
家庭背景												
父亲本科及以上学历	0.184	0.365	0.004	0.206	0.093	0.124	0.048	0.537	0.000	0.000	0.053	0.056
母亲本科及以上学历	0.166	0.361	0.009	0.199	0.073	0.085	0.034	0.390	0.000	0.000	0.053	0.048
父亲务农	0.471	0.316	0.684	0.084	0.194	0.46	0.450	0.677	0.996	0.949	—	0.696
母亲务农	0.470	0.360	0.686	0.082	0.228	0.515	0.505	0.754	0.98	0.966	—	0.746
样本量	3867	609	464	549	289	201	291	521	234	177	282	250
学校信息												
城乡分布	0.756	1	1	1	1	1	1	1	0	0	0	0

❶ 考试成绩以标准差呈现。

续表

统计量	总计	SA	SB	SC	SD	SE	SF	SG	SH	SI	SJ	SK
在校生数	1436	2286	1502	1877	1023	817	950	1704	801	804	966	823
专任教师数	124	153	156	171	85	63	83	182	67	71	63	68
生师比	11.905	14.941	9.628	10.977	12.035	12.968	11.446	9.363	11.955	11.324	15.333	12.103
高级职称教师比例	0.294	0.412	0.429	0.287	0.329	0.317	0.494	0.258	0.075	0.155	0.063	0.118
35周岁以下教师比例	0.580	0.451	0.410	0.626	0.518	0.508	0.434	0.648	0.806	0.789	0.841	0.618
2005年中考录取分数	445	490	474	468	457	454	449	436	399	398	397	359

四、结果分析

按照断点回归设计的步骤，首先，进行图形分析，断点回归设计要求在断点处处置变量有跳跃；其次，对断点两侧进行回归分析；最后，进行稳健性检验。

1. 图形分析

是否满足断点回归设计的应用条件，首先要进行图形分析，即检验结果变量或者接受处置的概率在断点处是否存在不连续，对于本书研究结果变量为高考成绩，中考成绩为关键变量，是否升入示范性高中为处置效应。

由于在高中阶段学生将进行文理科选择，并且在高考中是文科、理科单独进行，所以对文科、理科分别进行分析。由图2－1、图2－2可见，高考与中考成绩图，无论文科理科，结果变量即学生的高考成绩相对于中考成绩在断点处（中考中示范性高中的录取分数线）是连续的，但是被示范性高中录取的概率在断点处是不连续的，大于断点部分的录取概率明显高于小于断点部分，满足断点回归设计的应用条件，如图2－3、图2－4所示。

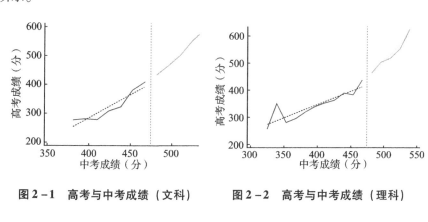

图2－1　高考与中考成绩（文科）　　图2－2　高考与中考成绩（理科）

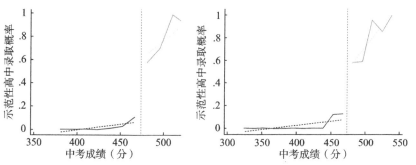

图2－3　示范性高中录取概率　　　图2－4　示范性高中录取概率
　　　　与中考成绩（文科）　　　　　　　与中考成绩（理科）

2. 模糊型断点设计

对于我们的研究，结果变量为高考成绩，那么产出方程为：

$$SEEC_{ij} = \alpha + \gamma D_{ij} + e_{ij}, \tag{2.3}$$

式中，$SEEC_{ij}$是j学校i学生的高考成绩，D_{ij}表示被j学校录取，α 和 γ 是系数（对于不同学生做一致性假设），e_{ij}是误差项，误差项中包括了所有无法观测的但是对高考成绩有影响的因素。如果高中录取与误差项无关，那么普通最小二乘回归即可给出高中学校对高考成绩的一致无偏估计，但实际高中录取不是外生性的，考虑到这种内生性，因此选择断点回归设计，将中考成绩作为关键变量，那么在断点处，通过多项式控制中考成绩，即可实现误差项与中考录取无关。

$$SEEC_{ij} = \alpha + \beta f(SEEH_{ij}) + \gamma D_{ij} + e_{ij} \tag{2.4}$$

对于中考录取，学生中考成绩达到学校的录取分数线，由于志愿填报等原因，不一定会被学校录取，而部分成绩未达到学校录取分数线的学生可能会因为有加分等原因，被学校录取，因此，学生被录取的概率与学生分数（高于或等于录取分数线）正相关，因此是模糊型断点回归设计。即可表示为：

$$\begin{cases} D_{ij} = a + bf(SEEH_{ij}) + d1\{SEEH_{ij} \geq x_j\}_i + u_{ij} \\ SEEC_{ij} = \alpha + \beta f(SEEH_{ij}) + \gamma 1\{SEEH_{ij} \geq x_j\}_i + e_{ij} \end{cases} \tag{2.5}$$

式中，x_j为j学校的录取分数线，$1\{SEEH_{ij} \geq x_j\}_i$是被学校录取的虚拟变量，在断点处的$\gamma/d$即为学校带来的增值效应。

$$\tau_{FRD} = \gamma/d = \frac{\lim\limits_{x \to x_j^+} E(SEEC_{ij} \mid SEEH_{ij} = x) - \lim\limits_{x \to x_j^-} E(SEEC_{ij} \mid SEEH_{ij} = x)}{\lim\limits_{x \to x_j^+} E(D_{ij} \mid SEEH_{ij} = x) - \lim\limits_{x \to x_j^-} E(D_{ij} \mid SEEH_{ij} = x)}$$

$$\tag{2.6}$$

由于参数估计和非参数估计机制的不同，覆盖样本量会不同，参数估计会覆盖 11 所学校的所有样本，得到的增值效应也是 11 组学校的加权平均值，可能会对研究示范性高中的增值效应带来一定的干扰，而非参数估计对于断点附近的样本可以进行准确的估计，因此我们选择非参数估计，对示范性高中录取分数线附近的样本进行深入的分析。

X 区 11 所学校中，共有 2 所示范性高中，2 所学校的录取分数有所差别，基于我们的目标是研究示范性高中对于学生成绩的增值效应，我们的实证分析主要从两个角度展开：验证示范性高中对学生学业的总体增值效应、验证不同学校对学生学业的增值效应。分析中将分文科、理科，男生、女生单独进行，并选取不同的带宽，对结果进行验证。

（1）示范性高中对学生学业的总体增值效应。

由数据可见，示范性高中对于（录取分数线附近）学生的学业成绩存在负向影响，会降低学生的高考成绩 50 分左右，其中文科降低 49.9 分，理科降低 51.3 分，示范性高中教育对于理科生、文科男生、理科女生，高考成绩的负向影响显著，尤其对于理科女生，示范性高中会降低高考成绩约 107 分。示范性高中教育影响最小的是理科男生，但也仍会降低其高考分数近 30 分，详情见表 2 - 3。

表 2 - 3　示范性高中对学生学业的总体增值效应

统计量	文科总体	理科总体	文科女生	文科男生	理科女生	理科男生
带宽（-）	39.6 (43.3)	1.0 (26.0)	21.0 (53.2)	24.9 (51.6)	-39.8 (44.6)	-0.1 (32.0)
样本量	441	244	246	195	81	176
带宽（*）	-49.9 (39.7)	-51.3** (31.1)	-40.0 (46.9)	-70.5* (54.6)	-107.2** (61.4)	-28.3 (35.1)
样本量	824	385	470	378	141	279
带宽（+）	-22.2 (21.6)	-47.7** (21.4)	-14.0 (27.6)	-32.6 (31.3)	-57.5* (39.5)	-26.8 (25.2)
样本量	1322	631	715	651	221	440

1. ***，**，*分别表示在1%、5%、10%的水平上显著。

2. 最佳带宽分别为 14.2799、14.2063、15.4401、14.6610、19.5380、14.3456。

（2）不同学校个体对学生学业的增值效应。

2008 年，北京中考的录取规则是根据学生填报志愿，按照分数，学校顺次录取。断点回归设计的评估思想是选取断点（也就是录取分数线）附近的，被示范性高中录取的学生为实验组，未被录取的但其他特征与被录取学生等同的作为比较组，来评估示范性高中对学生学业成绩的增值效应，因此，大部分有效样本会出现在示范性高中中录取分数线最低的学校与其他普通高中中录取分数线最高的学校。因此，为了详细分析，可以进一步研究每所学校对学生学业成绩的增值效果。由数据可见，在两所示范性高中中，录取成绩较高的学校，对学生学业成绩存在一定的影响，但均不显著，成绩低的学校，对学生学业成绩有负向影响，无论对文科生还是理科生影响均显著，会降低文科生高考成绩 37.4 分，降低理科生高考成绩 41.1 分，其中尤其对于理科女生，会降低高考成绩近 75 分；而对于录取成绩最高的非示范性普通高中，学校对学生学业成绩的影响均为正向，尤其对于文科生，有显著的正影响，会提升文科学生高考成绩近 60 分，对理科生影响并不显著，这也一定程度上验证了"大鱼小池塘"效应[1]，具体对比情况见表 2-4。

表 2-4 不同学校对学生学业的增值效应

统计量	文科			理科		
	总体	女生	男生	总体	女生	男生
学校 SA						
带宽（-）	148.3 (332.1)	288.2 (537.7)	3764.2 (4881.9)	242.7 (1030.5)	-537.5 (858.7)	681.6 (6513.8)
样本量	246	170	131	143	58	98

---

[1] 陶君，陈友庆."大鱼小池塘效应"及其教育启示 [J]. 上海教育科研，2013（9）：39—42.

续表

统计量	文科			理科		
	总体	女生	男生	总体	女生	男生
带宽（*）	-158.7 (212.1)	38.7 (68.6)	-1538.3 (6110.6)	-8.3 (107.9)	4.8 (120.0)	-17.2 (101.3)
样本量	503	364	257	271	105	203
带宽（+）	-15.4 (68.2)	244.5 (344.3)	-221.6 (243.1)	-82.7 (110.5)	-85.8 (524.9)	-69.0 (87.5)
样本量	1031	704	510	528	193	408
学校 SB						
带宽（-）	73.8* (52.1)	72.1 (63.7)	48.5 (61.0)	9.9 (35.4)	4.7 (32.2)	10.3 (47.7)
样本量	385	216	169	219	60	159
带宽（*）	-37.4* (27.9)	-30.7 (34.6)	-53.7* (36.6)	-41.1** (23.3)	-74.6** (32.1)	-23.8 (28.8)
样本量	824	470	378	385	141	279
带宽（+）	-17.2 (16.35)	-10.8 (20.9)	-24.7 (22.3)	-39.0*** (16.1)	-36.7** (21.8)	-23.5 (21.4)
样本量	1322	715	651	631	221	440
学校 SC						
带宽（-）	33.2 (44.6)	18.0 (64.8)	41.0 (58.0)	8.7 (108.2)	-99.0* (66.7)	199.9 (464.5)
样本量	373	216	157	194	48	146
带宽（*）	55.6** (24.9)	50.3** (29.6)	55.7** (32.3)	27.9 (32.1)	18.1 (43.8)	25.1 (40.8)
样本量	672	415	397	404	133	297
带宽（+）	48.9*** (17.5)	39.0** (21.7)	48.4** (25.3)	39.6** (21.4)	57.8* (40.8)	43.5** (25.6)
样本量	1142	664	644	644	214	457

1. ***，**，*分别表示在1%、5%、10%的水平上显著。

2. 最佳带宽分别为 10.5207、15.5342、10.7341、14.3043、19.0867、15.6092、14.2799、15.4401、14.6610、14.2063、19.5380、14.3456、12.1554、14.7323、16.3126、14.9085、17.1269、15.4381。

3. 稳健性检验

稳健性检验，首先，检验处置变量在断点处的概率密度是否存在不连续；其次，检验其他可观测到的协变量是否存在潜在的不连续性；最后，选取不同的带宽，对回归结果进行检验。

本研究中，学生中考成绩为处置变量由图 2−5、图 2−6 可见，无论是文科还是理科，学生的中考成绩在断点处概率均连续分布，满足处置变量在断点处概率密度连续的要求。

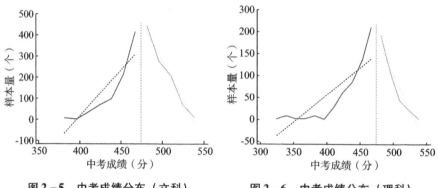

图 2−5 中考成绩分布（文科）   图 2−6 中考成绩分布（理科）

研究中涉及的协变量主要是学生个人特征及家庭背景两部分。选取学生个人特征中的性别与年龄，从图 2−7 到图 2−10 可见，无论是文科生还是理科生，其性别、年龄对于中考成绩的分布在断点处均连续。

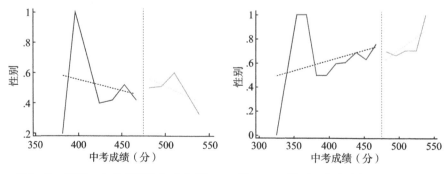

图 2−7 性别—中考成绩分布（文科）   图 2−8 性别—中考成绩分布（理科）

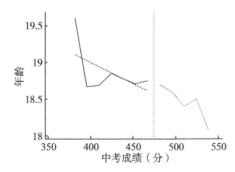

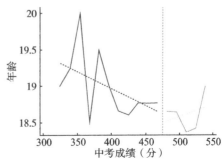

图 2 - 9　年龄—中考成绩分布（文科）　　图 2 - 10　年龄—中考成绩分布（理科）

在学生家庭背景中，选取父母的学历、职业进行研究，学生父亲、母亲的学历在断点处分布连续；学生父亲、母亲的职业在断点处分布连续。由图 2 - 11 到图 2 - 18 可见，研究中涉及的协变量均在断点处连续。

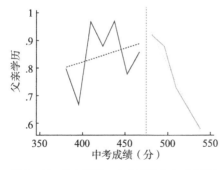

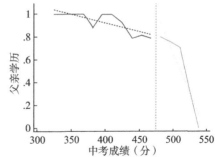

图 2 -11　父亲学历—中考成绩分布（文科）　　图 2 -12　父亲学历—中考成绩分布（理科）

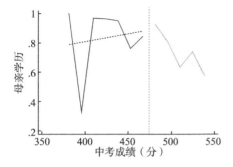

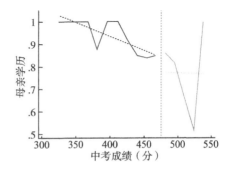

图 2 -13　母亲学历—中考成绩分布（文科）　　图 2 -14　母亲学历—中考成绩分布（理科）

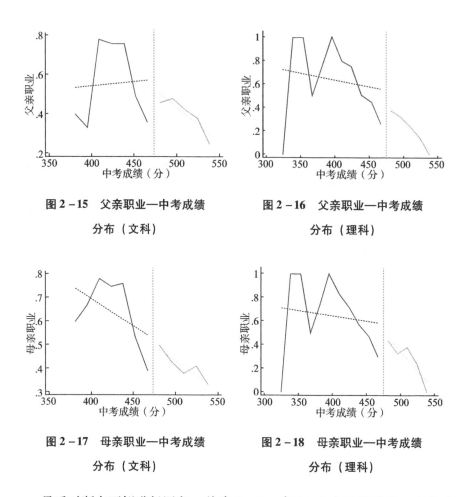

图2-15 父亲职业—中考成绩
　　　　分布（文科）

图2-16 父亲职业—中考成绩
　　　　分布（理科）

图2-17 母亲职业—中考成绩
　　　　分布（文科）

图2-18 母亲职业—中考成绩
　　　　分布（理科）

　　最后对断点两侧进行回归，从表2-3、表2-4中可以看出，在缩小带宽的情况下，部分结果变为正向影响，部分结果仍为负向影响，但是均不显著，而在增加带宽的情况下，结果正负向影响几乎没有变化，程度略有缩小，因此通过改变带宽，结果通过稳健性检验。

五、实证结论

　　现行的升学考试政策，完全符合断点回归设计的应用数据要求，高中学生学业成绩即高考成绩为结果变量，学生的入学成绩即中考成绩为关键变量，是否进入示范性高中是由关键变量决定的处置效应，在录取分数线附近进入示范性高中的学生为实验组，未进入但背景与示范性高中录取的学生接近的为比较组。

实证研究的结果表明，示范性高中对于录取分数线附近的学生的学业成绩没有任何显著的正面效应，无论文科还是理科，女生还是男生，相反对于某些类型群体有显著的负面效应，而成绩最好的其他普通高中（非示范性高中）对学生的学业成绩起到提升作用，并且对于部分群体正面效应显著。

实证的结果较好地验证了玛尔斯（Marsh）等人提出的"大鱼小池塘"效应（Big – Fish – Little – Pond Effect），即 BFLPE 效应，该模型假设学生将自己的学业能力与同伴的学业能力相比较，并且用这种社会比较印象作为基础来形成他们自己的学业自我概念。具有相同能力的学生，当他们将自己与更高能力的同学进行比较时，他们就会有较低的学业自我概念；当他们与能力较低的同学进行比较时，他们的学业自我概念就会较高，而学业自我概念对学业成绩有显著的预测作用，这时就出现了 BFLPE 效应。

示范性高中的学生，尤其是录取分数线附近的学生群体，将成绩与其他同学对比时，形成"大鱼小池塘"效应，在三年后的高考中，成绩受到影响。而同样是示范性高中录取分数线附近但被非示范性普通高中录取的学生，由于在群体中能力较为突出，学业的自我概念会较高，高考中成绩也能比较好地提升。

第五节　拓展研究及政策建议

本节在示范性高中增值效应实证分析的基础上，对拓展性研究进行介绍，最后在所有研究结果的基础上提出政策建议。

一、拓展研究

本研究的拓展可以体现为以下四点。

第一点是基于研究方法的拓展，断点回归设计是优越于其他已知的因果推断计量方法，结果十分接近于随机实验结果，但其使用的样本范围较小，结果仅对断点附近样本有效，对于远离断点处样本需要其他方法进行拓展，如示范性高中对于分数远远高于示范性高中录取分数线的学生的增值效应。但本研究受数据限制，无法进行该拓展性研究。

第二点是基于数据限制本研究仅以学业成绩为结果变量，对示范性高中的增值效应进行评估，并没有完全反映示范性高中给学生带来的增值效应，如学生可能在示范性高中会结交更高层次的朋友等。

第三点是本研究中对于示范性高中政策的整体性评估，也就是示范性高中政策组合体的评估，没有深入分析对于学生学业成绩没有显著正向影响的具体原因，由于数据受限仅对部分原因进行了探索性验证，其中中考录取制度、同伴效应、教育资源投入的差异不能充分解释示范性高中政策的整体效应。

第四点是基于现有研究，研究范围进一步拓宽，从对于示范性高中政策的增值效应的研究，拓展为对于 X 区所有普通高中的增值效应的研究，在研究方法上引入拐点回归设计（Regression Kink Design），结果表明，在现有中考录取制度下，比较热门的普通高中（包括示范性高中）对于学生（录取分数线附近）的学业成绩没有明显的正向效应。

二、政策建议

北京市于 1999 年启动示范性高中相关工作，2002 年首批示范性高中认定，十几年中出台了大量的政策、举措促进示范性高中发展。本研究数据截至 2008 年，针对实证研究的结果，并结合 2008 年至今北京市示范性高中相关的政策变动，主要从三个方面提出政策建议。

1. 引导个体理智选择学校

实证研究结果表明，在录取分数线附近的学生，示范性高中对其没有显著的正面效应，而且对于某些特定群体，会显著降低其高考成绩，存在"大鱼小池塘"效应，学生在学校环境中，常会将自己与能力更高的学生进行比较，学生的平均能力水平与学生的学业自我概念呈负相关，平均能力水平高的学校的学生，容易形成较低的学业自我概念，而学业自我概念对学业成绩有显著的预测作用，因此在示范性高中中出现录取分数线附近的学生的学习成绩会降低的现象。作为个体应该根据自身特点，科学地选择合适的学校，从政策的角度引导个体理智地选择合适的学校。

2. 示范性高中的升学考试制度

近些年针对示范性高中，出台了系列政策，主要针对考试招生录取制度，如示范性高中名额分配、录取方式改革。

2006 年起，北京市在普通高中招生时，进行将示范性高中部分招生计划分配到本区县初中校招收优秀应届初中毕业生（简称"名额分配"或"招优"）的试验，之后比例不断提升，到 2014 年、2015 年此比例增加为 30%、40%，之后仍进一步增加。同时 2011 年前中考录取为按照考生报考志愿顺序，从高分到低分择优录取；之后为招生学校按照考试成绩，从高分到低分，依照志愿顺序，择优录取。

两项政策的设计初衷不同，名额分配是为更多的学生提供获得优质教育资源的机会，提升高中教育的均衡与公平；录取方式变化是为了提升学生的录取机会。但是从学生学业提升的角度来看，名额分配实施几年，获得名额分配的学生中考成绩要比统一录取低，依据本研究的实证结果，对于此部分学生，示范性高中对其学业成绩并没有正面效应，还有可能会显著降低其高考成绩；而录取方式的变化，提升了学生的录取机会，尤其对于录取分数线附近的学生，更是增加了满足其志愿的可能性，但是学生获得机会的同时也面临了学业降低的可能。因此，示范性高中的升学考试制度，在关注获得优质教育机会的同时，更应关注学生的增值与实际获得。

3. 示范性高中的发展方向

在示范性高中政策调整时，应该参考"大鱼小池塘"效应的实验结果（玛尔斯关于"大鱼小池塘"效应的研究指出了超常儿童在超常班中学习的弊端，即在超常班中学习会导致学生学业自我概念的下降，学业自我概念的下降会导致超常学生不能完全发挥其学业上的潜能，而普通班中超常儿童的自我概念会提升，也能更好地发挥其潜能），权衡示范性高中建设的利弊，更多关注普通高中的均衡发展，引导高中多样化发展❶，为不同类型的学生提供更好发挥潜能的环境。

---

❶ 侯怀银 . 示范高中之路：究竟走向何方［J］. 教育科学研究，2010（1）：19—21.

第三章　基于差异性分析方法的
教育均衡发展评估

　　以"公平与发展"为主题，2006 年的世界发展报告向我们揭示并强调了在追求发展的同时，公平成为一个需要考虑的重要问题。

　　教育能够给人们提供公平竞争、向上流动的机会，帮助弱势群体改善生存状况，减少社会的不公平，被视为现实社会平等的"最伟大的工具"。公平理念在教育领域的延伸体现为教育均衡发展。教育的发展，资源配置是保障，因此教育资源配置差异性研究是评估教育发展均衡与否的基础性工作。

　　本章基于基尼系数、塞尔系数等差异性分析方法，对北京市义务教育资源配置情况、全国义务教育阶段教师配置情况、北京市普通高中教育资源配置情况进行测量与评估，并提出具有针对性的政策建议。

第一节　差异性分析方法

现有的研究教育差异的方法基本上都是从发展经济学关于收入分配的差异分析方法中移植过来的。发展经济学中关于差异、不平等的众多测度方法可以分为两类，第一类是实证测度方法，该方法明显地使用社会福利的任何概念，而是从某种客观的意义来描述不平等的内容，通常是采用统计上的分析测量；第二类是规范测度，该方法基于社会福利与由不平等分配引起的福利损失之间的一个明确数学关系，是从社会福利角度提出的测量不平等的指标。对于教育的差异性研究主要采用实证测度的方法。

一、方法分类及数据要求

在对差异、不平等进行测量时，会用到多种不同的量度。根据精确程度量度可以分为四类：

第一类是定比量度，这种量度中的 0 值非人为制定，是物理意义上的绝对 0，测量结果只与选取的测量单位有关，而且无论使用什么单位来进行测量，数据之间的比例关系是一定的，例如质量和高度。第二类是定距量度，定距量度比定比量度要求稍松，这种量度中的 0 不是物理意义上的绝对 0，测量值的比率是与所选取的测量单位有关的，也就是说测量值本身的比率是没有意义的，但是测量值之差的比率是有意义的，例如温度中的摄氏度和华氏度。第三类是定序量度，精确度更差一点的是定序量度，定序量度中的某个度量值是没有任何数量上的意义的，仅表示选项的排序，排序才是问题的关键，定序量度具有完备性（完备性要求，对集合中的任何两个选项，根据某种规则 R，只存在 yRx 或 xRy 或者两者同时成立）

和传递性（传递性要求，对于任意三个选项 x，y，z，如果 xRy 与 yRz 同时成立，则有 xRz）。第四类是拟序，精确度最低的是拟序，在这种度量中排序关系不一定是完全的，即只具有传递性而不具有完备性。

大多数测量不平等程度的方法都需要精确度比较高的量度，通常是定比量度或是定距量度。不仅所谓的客观测度方法如此，规范的评价也如此。但是我们头脑中所认为的含义明确的不平等概念在现实中其精确程度是打折扣的，有可能与之相应的是不完备的拟序。

二、方法回顾及特点分析

对于教育的差异性研究主要采用实证测度的方法，分别从绝对差异和相对差异两个角度来进行研究。绝对差异是指某些变量值偏离参照值的绝对额，而相对差异则是指某变量值偏离参照值的相对额。对于绝对差异的测量主要选取的测量方法有：方差、标准差、极差、对数标准差；对于相对差异的测量主要选取的测量方法有：相对平均离差、极差率、变异系数、相对平均差异、基尼系数、塞尔系数。❶

1. 变量含义

Y 代表某一项指标的集合，集合中元素的个数为 n，y_i 为集合中的元素，y_{max} 为该项指标集合中元素的最大值，y_{min} 为某一项指标集合中元素的最小值，$\mu = \sum_{i=1}^{n} y_i / n$ 代表该项指标的平均值。

2. 绝对差异测量方法

对于绝对差异的测量主要选取的测量方法有：方差、标准差、极差、

---

❶ 阿玛蒂亚·森. 论经济不平等不平等之再考察［M］. 北京：社会科学文献出版社，2006.

对数标准差。

方差（V）、标准差（S）是测量指标绝对差异常用的统计量，是将测量值与平均值的离差平方后相加，凸现出对平均值的离散程度。利用离散程度来反映差异，一般在应用该项指标的时候会结合均值同时进行考察，计算公式：

$$V = \sum_{i=1}^{n} (y_i - \mu)^2 / n$$

$$S = \sqrt{\frac{\sum_{i=1}^{n} (y_i - \mu)^2}{n}}$$

极差（R）用于测量某一项指标最高水平与最低水平的绝对差异，反映的是绝对差异的极端情况。公式如下：

$$R = Y_{max} - Y_{min}$$

对数标准差（H）是将测量值及其平均值取对数，然后再进行标准差的计算。对数标准差消除了测度单位的任意性和绝对水平。计算公式：

$$H = \sqrt{\frac{\sum_{i=1}^{n} (\log y_i - \log \mu)^2}{n}}$$

3. 相对差异测量方法

相对平均离差（M）是将某一项指标的每一个测量值与该指标的平均值进行比较，将全部差值的绝对值加总，再把这个总和与该指标测量值的总和相除，从而考察了整体的分配特征。该指标对于位于平均值同侧的个体之间进行数量的转移没有任何的敏感性。计算公式：

$$M = \sum_{i=1}^{n} |y_i - \mu| / n\mu$$

极差率（I）是用于反映差异的相对情况，与极差相结合可以全面反映教育发展差异的极端情况。极差与极差率有明显的缺陷，即他们都忽视了在两个极值之间的分配情况。计算公式：

$$I = Y_{\max}/Y_{\min}$$

变异系数（C）是在绝对差异测量指标方差、标准差基础上形成的一种相对差异的测量方法，它某种程度上消除了差异测量对于平均值的依赖，且能够很好地反映当指标数量在不同个体间移动所带来的差异程度的变化。计算公式：

$$C = S/\mu$$

基尼系数（G）是已经被广泛使用的可用来反映不平等程度的测度方法，它是基于洛伦兹曲线的一种测量方法。基尼系数是 1912 年基尼首先提出，并由里茨（Ricci，1916）、道尔顿（1920）、因特马（Yntema，1938）、阿特金森（1970）、纽伯伦（New－bery，1970）、舍辛斯基（Sheshinsk，1972）以及其他学者做出进一步解释和分析。研究基尼系数首先要考察洛伦兹（Lorenz，1905）所提出的洛伦兹曲线。基尼系数、洛伦兹曲线都是因为收入分配差异性研究而提出，洛伦兹曲线是利用每一群体所获得的收入在总收入中的份额来进行衡量的方法，所以在图中水平轴上是按照收入由高到低排列后的人口累计百分比，垂直轴是对应人口比例累计百分比所占有的收入累计比例百分比，见图 3 - 1。

显然，0% 的人口占有 0% 的收入，100% 的人口占有 100% 的收入，于是洛伦兹曲线就是正方形的一个角到另一个角的连线。如果每个人都有同样的收入，那么洛伦兹曲线就是对角线。然而现实中没有这样完全的平等，低收入阶层将占有总收入的较少份额。于是很明显，洛伦兹曲线将位于对角线的下方，只有当收入分配完全平等的情况下才与对角线重合，当收入向更富有的人口移动时，其斜率将逐渐上升。

基尼系数就是绝对公平线（对角线）和洛伦兹曲线之间的区域（即图 3 - 1 中阴影区域）与对角线下方的科尔姆三角区域面积的比率。基尼系数能够反映测量指标的集中或离散程度，反映该指标的相对差异。因此被用

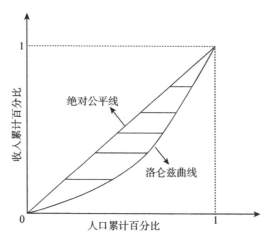

图 3 – 1　基尼系数

于测量差异的各个方面，公式表示如下：❶

$$G = S_{阴影}/S_{三角}$$

基尼系数的取值从 0 到 1 之间，当无差异的时候为 0，存在绝对差异（总量都集中于一个人）的时候为 1，国际公认的评判标准为：基尼系数在 0.2 ~ 0.3 时为相对公平，在 0.3 ~ 0.4 时为比较合理，高于 0.4 则表示差异过大超过了警戒线，因此用基尼系数进行差异性的测量所得数值的意义比较明确。

相对平均差异（G^1）是某一项指标所有测量值两者之间的差值绝对值的算术平均值。通过数学处理可以转化为基尼系数，是基尼系数的两倍。计算公式：

$$G^1 = \frac{\sum_{i-1}^{n} \sum_{j-1}^{n} |y_i - y_j|}{n^2 \mu}$$

塞尔系数是用来衡量系统不均衡程度的表现。熵的概念源于热力学

❶　伊兰伯格，史密斯. 现代劳动经济学：理论与公共政策（第六版）［M］. 北京：中国人民大学出版社，1997.

中，是用来测量无序程度的，系统的无序程度越高熵越大，在没有外界影响的情况下，系统会向无序的方向演化，熵增加。系统无序也就是说系统各处相同，当各处完全相同的时候系统的熵就达到了最大值，所以，熵所反映的是系统的一种均衡程度。

熵在信息理论中被称为平均信息量，在信息理论中，假定事件 E 将以 x 的概率发生，而后收到一条消息称 E 确实发生了，则此消息所含有的信息量可用公式表示为：

$$h(x) = \ln(\frac{1}{x})$$

设有一组 n 个可能发生的事件 E_1，E_2，$\cdots$，E_n 所组成的一个完备事件组，各自发生的概率为 x_1，x_2，$\cdots$，x_n，其中 $\forall x_i \geq 0$，则有 $\sum\limits_{i=1}^{n} x_i = 1$。在收到确切消息称事件 E_i 发生前，平均的期望信息量就是由每一事件乘以其概率加权后的平均信息量的总和，表示如下：

$$H(x) = \sum_{i=1}^{n} x_i h(x_i) = \sum_{i=1}^{n} x_i \ln \frac{1}{x_i} = -\sum_{i=1}^{n} x_i \ln x_i$$

当每个事件发生的概率越接近于 $1/n$，熵值越大，而当每个事件发生的概率相同，各可能事件发生的可能性不存在差异，即 $x_i = 1/n$ 时，熵达到最大值 $\ln n$。正是基于熵所具有的物理含义以及熵在信息论中的应用，才将熵的方法引入发展经济学，用来衡量收入分配的差异。

在信息熵中 x_i 被释为事件发生的概率，当将其用来衡量收入分配差异时可以将其理解为个人收入占个体收入总和的比重，则从系统完全均衡时的熵中减去收入按照某种形式分配时系统所具有的熵，差值就为系统不均衡程度的表现，这便是塞尔熵即塞尔系数。将塞尔系数进一步推广到对任意指标不均衡程度的测量，计算公式如下：

$$T = H(x)_{max} - H(x) = \ln n + \sum_{i=1}^{n} x_i \ln x_i = \ln n + \sum_{i=1}^{n} \frac{y_i}{n\mu} \ln \frac{y_i}{n\mu}$$

$$= \ln n + \frac{1}{n} \sum_{i=1}^{n} \frac{y_i}{\mu} \ln \frac{y_i}{\mu} - \sum_{i=1}^{n} \frac{y_i}{n\mu} \ln n$$

$$= \frac{1}{n} \sum_{i=1}^{n} \frac{y_i}{\mu} \ln \frac{y_i}{\mu}$$

塞尔系数越大，表示该项指标的不均衡程度越高，如果完全均衡那么塞尔系数为 0，完全不均衡塞尔系数为 $\ln n$。

三、差异性分析方法比较

面对众多的关于差异性的测量指标，哪一个更科学？为了衡量众多关于差异性测量指标的优劣，必须建立起对收入分配不公平程度测定的评价标准，通过这些准则去判断哪些收入分配不公平程度测定指数是比较合理的，哪些有缺陷和不足。对于差异性测量指标评价的主要公理性原则如下：[1]

（1）指标所有者无关性原则，即对某一个总体来说，总体内的两个或两个以上的人互换该指标的值之后，差异性指标的程度不发生变化。

（2）指标相对性原则，即总体中每个人该指标的数值都发生等比例的变化，差异性指标的程度不发生变化。

（3）庇古—代尔顿转移原则，当从该指标数值较低的人向较高的人转移该物品的时候，差异性程度增加。

（4）规模大小不变原则，也成为复制原则，即将总体复制后得到新的总体，新总体的差异程度与原总体相同。

---

[1] 刘志伟. 收入分配不公平程度测度方法综述 [J]. 统计与信息论坛，2003（05）：28—32.

（5）可分解性原则，即要求总体可以按照相互之间不存在交集的方式划分成子样本，总体的差异性程度等于子样本内部差异程度与子样本之间差异程度之和。

其中，当差异性测量指标满足前四个原则时，我们称之为洛仑兹准则一致性原则。在这些差异性的测量指标中，能够同时满足这五条公理性原则的只有塞尔系数，基尼系数、变异系数虽然满足洛仑兹准则一致性，但是仍不具有可分解性，所以从科学的角度，塞尔系数是衡量差异的较好的方法。但是在实际使用中也要根据测量的目的以及数据的度量来进行选择。

第二节　北京市义务教育均衡发展研究

义务教育是国家统一实施的所有适龄儿童和少年必须接受的教育，是政府必须予以保障的公益事业。资源配置是义务教育发展的保障，对于义务教育资源配置差异性的研究是衡量义务教育均衡发展的基础性工作。

一、研究背景及综述

北京市由于地区经济发展的不平衡，教育资源配置不均衡仍是教育存在的突出问题，主要表现在：区县之间、城乡之间、校际在办学条件、教育投入、师资水平等方面存在一定的差距，并且这些差距在一定程度上引发了教育选择等影响社会公平的问题。因此，研究首都义务教育资源配置的现状，把握其发展的态势，找出需要解决的问题，这对促进义务教育均衡发展，逐步实现教育公平具有重要的现实意义。

综述目前国内对于教育资源配置的研究❶❷，我们发现研究虽然对设施、设备、经费、教师等教育资源的配置均有讨论，但对教育资源配置进行全面、综合性的研究很少；在研究方法上，学者较多选取描述性统计及绝对差异性分析方法，而较少运用相对差异性方法进行研究；在数据分析上，学者较多选取 1 年情况进行研究，而较少进行时间序列研究。因此，基于对教育资源配置状况研究的重要意义和北京市对于教育资源配置研究的现实需求，本研究从学校办学条件、教师队伍、财力资源三个方面构建衡量义务教育资源配置的指标体系，运用平均值法、基尼系数法，对 2002—2005 年首都义务教育资源配置的状况以及区县、城乡之间存在的差异进行分析。

二、研究方法：基尼系数

1. 指标体系的构建

目前，国际上惯用的监控教育发展状况的重要依据是教育指标体系。指标体系具有系统决策、反映效益、过程监测及可比的功能❸。

近年来，北京市为了促进义务教育均衡发展，制定了一系列政策措施改善教育资源配置的状况，如各级政府将义务教育经费全面纳入财政预算，优先保障义务教育均衡发展所需的资金，推进小学标准化建设、山区小学建设工程、初中建设工程，颁布并实施《北京市中小学校办学条件标准》，落实加强教师队伍建设，等等。

---

❶ 项目组. 北京市城乡教育资源配置比较结题报告［R］. 北京：北京师范大学管理学院系统与非平衡研究所.

❷ 王善迈. 社会主义市场经济条件下的教育资源配置方式［J］. 教育与经济，1997（3）：1—6.

❸ 王唯. OECD 教育指标体系对我国教育指标体系的启示：OECD 教育指标在北京地区实测研究［J］. 中国教育学刊，2003（1）：1—5.

我们结合首都义务教育均衡发展的内涵以及教育工作运行过程中的需求，通过专家咨询制定了衡量义务教育资源配置均衡性的指标体系，见表3－1。这个指标体系的建立遵循如下原则：落实教育政策，全面反映《北京市中小学办学条件标准》；强调总量，同时反映结构；强调实效性，将教育指标落实到班级、学生身上。

表3－1　义务教育资源配置指标体系

一级指标	二级指标及权重	三级指标及权重	计算方法
教育资源配置差异性指数	人力（0.51）	生师比（0.4）	基尼系数
		教师平均受教育年限（0.2）	
		高级职称教师比例（0.4）	
	物力（0.24）	班均占地面积（0.5）	
		班均设备总值（0.5）	
	财力（0.25）	生均教育事业费（0.6）	
		生均公用经费（0.4）	

义务教育资源配置指标体系包括人力、物力、财力三个二级指标以及下设的七个三级指标及其权重。人力、物力指标完全根据新《北京市中小学办学条件标准》来进行选取，人力方面包含三个三级指标，生师比反映了教师队伍的相对数量，教师平均受教育年限反映了教师队伍的质量，高级职称教师比例则反映了教师队伍的结构；因为义务教育阶段教学是以班级形式开展的，因此物力方面三级指标均为班均数量，班均占地面积反映了教学对设施的需求，班均设备总值反映了教学对设备的要求；财力方面将指标落实到学生身上，生均教育事业费、生均公用经费反映了教育开展中的资金保证。

2. 计量方法

描述性统计中的平均值是衡量发展变化的常用方法，它能够很好地刻画总体的状况与变动趋势，因此本研究选取平均值对教育资源配置的情况进行整体性描述。基尼系数源于发展经济学中对收入分配公平性的研究，能够反映测量指标的集中或离散程度，是被广泛使用的衡量不平等程度的测量方法，计算方法如图 3 − 1。

基尼系数就是绝对公平线（对角线）和洛伦兹曲线之间的区域（即图 3 − 1 中阴影区域）与对角线下方的三角区域面积的比率。公式表示如下[1]：

$$G = S_{阴影}/S_{三角} \tag{3.1}$$

基尼系数的取值范围是：0 ~ 1，当无差异的时候为 0，存在绝对差异的时候为 1，经济领域国际公认的评判标准为，基尼系数在 0 ~ 0.2 时为非常公平，在 0.2 ~ 0.3 时为相对公平，在 0.3 ~ 0.4 时为比较合理，高于 0.4 则表示差异过大超过警戒线[2]。虽然目前基尼系数在教育领域中的应用不多，尚未形成统一的参照数值与明确的意义，但是从基尼系数在经济领域中应用的例子来看，教育领域内的基尼系数在数值上必然会随着其研究的深入和应用的广泛形成相应的判断标准[3]，而且基尼系数对于其他差异性的研究方法有明显的优势，基尼系数衡量的是相对差异并且很好地满足了差异性研究方法的评价公理[4]。因此选择基尼系数来衡量义务教育资源配置的差异，在运用基尼系数进行测量时，图形的横纵轴将由所测量的指标决定，如测算生师比基尼系数时，横轴是教师数量累计百分比，纵轴则是学生数量累计百分比。

　────────────

　[1] 罗纳德·E. 伊兰伯格，罗伯特·S. 史密斯. 现代劳动经济学—理论与公共政策（第六版）[M]. 潘功胜，刘昕，译. 北京：中国人民大学出版社，1999.

　[2] 阿玛蒂亚·森. 论经济不平等，不平等之再考察 [M]. 王利文，王占杰，译. 北京：社会科学文献出版社，2006.

　[3] 杜鹏. 基于基尼系数对中国学校教育差距状况的研究 [J]. 教育与经济，2005 (5)：30—34.

　[4] 刘志伟. 收入分配不公平程度测度方法综述 [J]. 统计与信息论坛，2003 (5)：28—32.

三、实证分析

利用教育资源配置指标体系，依据 2002—2005 年首都义务教育的数据，分析首都义务教育资源配置的现状，结果如下：

2002—2005 年，首都义务教育资源配置状况逐年改善，区县、城乡差异不断缩小，区县差异较城乡差异更为显著，初中区县、城乡差异较小学显著，具体分析如下。

1. 小学教育资源配置状况分析

2002—2005 年，北京市小学人力、物力、财力的多数指标有所改善，区县间、城乡间综合差异均在逐年缩小，区县间差异远大于城乡间差异。

（1）小学区县教育资源配置差异性指数分析。

北京市小学区县间教育资源配置差异性指数由 2002 年的 0.173 缩减到 2005 年的 0.147，降低约 15%，其中人力水平的差异最小，但是差异略有扩大趋势，表现在反映差异的基尼系数由 0.067 增加到 0.078；物力水平的差异最大，但差异减小趋势明显，4 年间基尼系数由 0.385 减小到 0.285，降低超过 1/4；财力水平的差异居中，略有减小趋势，4 年间表现财力差异的基尼系数降低近 20%。

（2）小学城乡教育资源配置差异性指数分析。

北京小学城乡间教育资源配置差异性指数由 2002 年的 0.086 缩减到 2005 年的 0.071，降幅超过 17%，其中人力、财力的基尼系数很小，分布在 0.05 左右。但是人力的差异逐年增加；财力的差异则明显缩减，降幅超过 50%；物力的差异最大，但明显缩减，4 年间基尼系数由 0.220 减小到 0.155，见表 3 - 2。

表 3 - 2　小学教育资源配置差异性指数

小学		2002 年	2003 年	2004 年	2005 年
教育资源配置 差异性指数	区县	0.173	0.163	0.157	0.147
	城乡	0.086	0.090	0.089	0.071
人力	区县	0.067	0.075	0.074	0.078
	城乡	0.042	0.050	0.053	0.057
物力	区县	0.385	0.340	0.315	0.285
	城乡	0.220	0.220	0.215	0.155
财力	区县	0.186	0.174	0.172	0.154
	城乡	0.046	0.046	0.042	0.020

（3）小学人力、物力、财力资源配置及差异性分析如下。

人力方面：三个指标均有所改进，其中生师比的全市平均值逐年降低，由 2002 年的 11.25：1 降低到 2005 年的 10.31：1，城市、县镇的生师比较为接近数值均为 11：1 ~ 12：1，农村生师比低于 10：1，并且还呈现出明显的降低趋势，2005 年已经不足 8：1；各区县小学的生师比分布在 7：1 ~ 14：1，存在一定的差异；从基尼系数来看，生师比城乡间差异小于区县间差异，但是两者都有扩大的趋势；教师平均受教育年限逐年提升，由 2002 年的 13.94 年提升到 2005 年的 14.84 年，数量上城市远高于县镇、农村，各区县、城乡小学教师平均受教育年限均为 13 ~ 15，两者差异均很小且逐年缩减；高级职称教师比例逐年增大，由 44.82% 增加到 49.79%，城市学校的高级职称教师比例达到一半以上，农村高级职称教师比例在 40% 左右，城市明显高于县镇、农村。高级职称教师比例在不同区县间差异较大，最高的区县达到近 70%，为最低的两倍；从基尼系数来看，区县差异大于城乡差异，但两者都有逐年缩减的趋势。

物力方面：两个指标呈现比较复杂的态势，其中班均占地面积有所降低，数值上县镇、农村明显大于城市，按照新办学条件标准要求班均占地面积中心城区高于 720 平方米，中心城以外地区高于 945 平方米❶，但实际北京市中心城区小学班均占地面积主要分布在 300～800 平方米，平均水平不足 500 平方米，县镇、农村班均占地面积分布在 600～1400 平方米，基本可以达到 945 平方米的要求；从基尼系数来看区县、城乡间班均占地面积都存在一定的差异，基尼系数为 0.2 左右，差异比较稳定。班均设备总值则呈现出一定的波动，在 2005 年出现低谷，农村优于城市，城市优于县镇，城市、县镇班均设备总值均有所减少，农村有所增加，班均设备总值分布极其分散，最低的区县不足 0.5 万元，最高的超过 20 万；从基尼系数来看区县差异很大，2002 年超过 0.5，虽然差异在逐年缩小但仍然超过 0.3，城乡间也存在一定的差异，但是缩减得很快。

　　财力方面：两个指标都有比较明显的增长态势，其中义务教育预算内教育经费占财政支出的比例在逐年攀升，由 2002 年的 18.83% 增加到 2005 年的 19.69%，政府对教育的支持力度逐年提升（无法将小学、初中的数据分开）。生均教育事业费 4 年间增长近 1 倍，达到近 5000 元；分布较为平均，区县差距较小，基尼系数不足 0.1，城乡间差距更小仅为区县差异的 20% 左右。小学生均公用经费 4 年间由不足 700 元到超过 1200 元，分布在 200～3200 元，差距很大，普遍是城市要高于县镇、农村，但也有个别农村区县生均公用经费很高；从基尼系数来看，区县间差异很大，达到 0.3 左右，但是有逐渐缩小的趋势，城乡间差异远小于区县间差异在 0.1 左右，见表 3－3。

---

❶ 《北京市中小学校办学条件标准》（京教策〔2005〕8 号）。

表 3 - 3　小学人力、物力、财力资源配置及差异

小学			2002	2003	2004	2005
人力	生师比	市均值	11.25	10.97	10.58	10.31
		区县差异	0.08	0.09	0.09	0.11
		城乡差异	0.04	0.05	0.06	0.07
	教师平均受教育年限	市均值（年）	13.94	14.27	14.6	14.84
		区县差异	0.014	0.013	0.012	0.011
		城乡差异	0.011	0.008	0.006	0.007
	高级职称教师比例	市均值	44.82%	45.56%	47.99%	49.79%
		区县差异	0.08	0.09	0.09	0.08
		城乡差异	0.06	0.07	0.07	0.07
物力	班均占地面积	市均值（平方米）	832.87	806.76	823.8	768.39
		区县差异	0.22	0.22	0.21	0.22
		城乡差异	0.21	0.22	0.22	0.25
	班均设备总值	市均值（万元）	3.25	3.34	3.38	2.71
		区县差异	0.55	0.46	0.42	0.35
		城乡差异	0.23	0.22	0.21	0.06
财力	生均教育事业费	市均值（元）	2891.40	3348.24	4163.26	4619.52
		区县差异	0.09	0.07	0.08	0.09
		城乡差异	0.01	0.01	0.01	0.02
	生均公用经费	市均值（元）	667.95	860.57	984.52	1235.38
		区县差异	0.33	0.33	0.31	0.25
		城乡差异	0.10	0.10	0.09	0.02

2. 初中均衡发展状况分析

2002—2005 年，北京市初中人力、物力、财力的所有指标均有不同程度的改善，区县间、城乡间综合差异均高于小学，但在逐年缩小，区县间差异远大于城乡间差异，见表 3 - 4、表 3 - 5。

（1）初中区县教育资源配置差异性分析。

北京市初中区县间综合发展指数由 2002 年的 0.216 缩减到 2005 年的 0.203，降低约6%，其中人力水平的差异最小，物力水平的差异最大，但人力、物力、财力差距均呈现出缩小的趋势。从基尼系数来看人力由 0.170 缩小到 0.169；反映物力水平的基尼系数 4 年间由 0.290 减小到 0.210；反映财力水平的基尼系数 4 年间降低超过 20%。

（2）初中城乡教育资源配置差异性分析。

北京市初中城乡间综合发展指数由 2002 年的 0.120 缩减到 2005 年的 0.110，降幅约8%，其中物力水平的差异最大，并且明显地逐年扩大，基尼系数由 0.150 增长到 0.175，人力水平的差异其次，基尼系数均超过 0.1，但是有差异缩减的趋势，反映财力的基尼系数很小，分布在 0.05 左右，且缩减趋势明显，4 年缩减近 75%。

表 3-4 初中教育资源配置差异性指数

初中		2002	2003	2004	2005
教育资源配置差异性指数	区县	0.216	0.212	0.206	0.203
	城乡	0.120	0.119	0.119	0.110
人力	区县	0.170	0.173	0.181	0.169
	城乡	0.129	0.129	0.133	0.125
物力	区县	0.290	0.290	0.270	0.210
	城乡	0.150	0.160	0.170	0.175
财力	区县	0.238	0.216	0.196	0.188
	城乡	0.074	0.058	0.040	0.019

（3）初中人力、物力、财力资源配置及差异性分析。

人力方面：三个指标均有所改进，其中生师比逐年降低，市平均值由 2002 年的 14.23：1 降低到 2005 年的 10.34：1，各区县、城乡初中生师比主要分布在 10：1 ～ 14：1，数量上县镇的生师比高于城市，城市高于农村；从基尼系数来看，区县间差异远高于城乡间差异，且区县间差异有扩大的趋势，而城乡间差异略有缩减；教师平均受教育年限逐年提升，由2002年的15.44年提升到2005年的15.76年，数值上城市远高于县镇、农村，各区县、城乡小学教师平均受教育年限均在15～16；两者差异均很小，基尼系数不到0.01，且逐年缩减；高级职称教师比例逐年增大，由12.31%增大到12.45%，城市学校的高级职称教师比例高于20%而农村则不足5%，数值上城市明显高于县镇、农村，高级职称教师比例在各区县差距较大，最高的区县达到近30%，最低的不足3%；从基尼系数来看，区县、城乡间差异均很大，且区县差异大于城乡差异，但两者都有逐年缩减的趋势。

物力方面：两个指标均有明显的提升，其中班均占地面积由1241.69平方米提升到1352.78平方米，数量上农村、县镇明显高于城市，城市班均占地面积不足1000平方米，而农村则超过2000平方米；从基尼系数来看区县、城乡间班均占地面积都存在一定的差异，基尼系数为0.2左右，区县差异略大于城乡差异，但是区县间差异比较稳定而城乡间差异有比较明显的扩大趋势。班均设备总值逐年增加，农村优于县镇，县镇优于城市，但都成上升趋势，班均设备总值分布非常分散，最低的区县不足0.5万元，最高的超过16万元；从基尼系数来看区县差异很大，2002年达到0.4，虽然差异在逐年缩小但仍然超过0.3，城乡间也存在一定的差异，但比较稳定在0.15左右。

财力方面：两个指标都有比较明显的增长态势。生均教育事业费4年间增长近70%，超过5000元；教育事业费区县间存在一定差异，最高的达到近1.3万元，最低的不足3000元，但是大部分区县的生均教育事业费分布较为集中，基尼系数在0.15左右，且有逐年递减的趋势，城乡间差异很小不足0.05。生均公用经费4年间由约1000元增长到近1800元，各区县生均公用经费主要分布在500～6500元，差距很大，普遍是城市要高于县镇、农村，但也有个别农村区县生均公用经费很高；从基尼系数来看，区县间差异很大，达到 0.3 左右，但是有逐渐缩小的趋势，城乡间差异远小于区县间差异在 0.1 左右。

表 3-5　初中人力、物力、财力资源配置及差异

初中			2002	2003	2004	2005
人力	生师比	市均值	14.23	13.23	11.91	10.34
		区县差异	0.080	0.090	0.100	0.100
		城乡差异	0.030	0.020	0.020	0.020
	教师平均受教育年限	市均值（年）	15.44	15.53	15.65	15.76
		区县差异	0.008	0.007	0.006	0.005
		城乡差异	0.006	0.006	0.005	0.004
	高级职称教师比例	市均值	12.31%	12.01%	12.14%	12.45%
		区县差异	0.340	0.340	0.350	0.320
		城乡差异	0.290	0.300	0.310	0.290
物力	班均占地面积	市均值（平方米）	1241.69	1335.95	1305.99	1352.78
		区县差异	0.180	0.220	0.190	0.200
		城乡差异	0.140	0.170	0.170	0.190
	班均设备总值	市均值（万元）	1.46	1.69	2.08	2.76
		区县差异	0.400	0.360	0.350	0.380
		城乡差异	0.160	0.150	0.170	0.160
财力	生均教育事业费	市均值（元）	3273.20	3680.73	4598.85	5515.76
		区县差异	0.170	0.160	0.140	0.140
		城乡差异	0.030	0.020	0.010	0.030
	生均公用经费	市均值（元）	1064.74	1210.37	1356.36	1794.44
		区县差异	0.340	0.300	0.280	0.260
		城乡差异	0.141	0.116	0.086	0.002

四、结论与建议

2002—2005 年，北京市义务教育资源配置在教师队伍、办学条件、财力资源上的各项指标均有所改善，区县、城乡教育资源配置差异性指数不断缩

小。从比较来看，初中阶段区县、城乡教育资源配置差异较小学显著，义务教育阶段区县教育资源配置差异较城乡显著，办学条件配置差异较教师队伍和财力资源显著。因此要实现教育资源配置的均衡，提出如下建议：

①要整体缩小义务教育阶段教育资源配置的差异，应更关注初中阶段教师队伍、办学条件、财力资源的配置。

②在缩小义务教育阶段教育资源配置差异的过程中，应加大力度改善教育资源在区县间的配置。

③在改善义务教育阶段教育资源配置的过程中，应首先改善办学条件的配置。

第三节　义务教育阶段教师配置差异性分析

"十五期间"，国家高度重视义务教育，先后出台了《国务院关于基础教育改革与发展的决定》《国务院进一步加强农村教育工作的决定》《教育部关于进一步推进义务教育均衡发展的若干意见》等一系列重大政策。这些政策对义务教育均衡发展发挥了极其重要的作用。

一、研究背景及意义

温家宝在第十届全国人民代表大会第五次会议中做的政府工作报告中指出：教育是国家发展的基石，教育公平是重要的社会公平。要坚持把教育放在优先发展的战略地位，加快各级各类教育发展，总体布局是，普及和巩固义务教育……为了促进教育发展和教育公平，我们将采取两项重大措施……二是在教育部直属师范大学实行师范生免费教育，建立相应的制度。这个具有示范性的举措，就是要进一步形成尊师重教的浓厚氛围，让教育成为全社会最受尊重的事业；就是要培养大批优秀的教师；就是要提倡教育家办学，鼓励更多的优秀青年终身做教育工作者❶。

公平与发展是当今时代的教育主题，接受教育被认为是人类最基本的权利，因而教育的公平与发展成为世界关注的问题。教育的公平才是社会的公平，所以要推进我国社会主义和谐社会的建设就要推进教育的公平发展。根据当前我国教育发展的状况，加强义务教育阶段建设是重点，教育发展教师是关键，所以对于义务教育阶段教师配置情况进行研究是符合教育战略发展需求的。

何为公平？何为教育公平？

公平的基本词义是不偏袒，是指人们根据一定的标准对某一事物或行为所进行的价值判断。公平是有标准的，是一个历史范畴，对于不同事物或是同一事物在不同的时期或年代，其标准是不一样的。因而公平观也就随着标准的改变而改变。例如在资本主义社会，其所奉行的分配原则是按资分配，因此，他们所获得的利润、利息与地租等各种剥削收入也就被认为是公平收入；在社会主义社会里，实行的是按劳分配原则，因此，只有劳动者按其贡献大小所获得劳动收入才是公平的。公平是相对的，不是绝对的。公平总是以某一标准作参照，相对某一标准而言的❷。

对于教育公平，有学者认为是社会公平价值在教育领域的延伸和体现，是重要的社会公平，是人们在教育过程中根据一定的标准，对某些教育行为所进行的合理评价。在现实社会中，教育能够给人们提供公平竞争、向上流动的机会，帮助弱势群体改善生存状态，减少社会的不公平，而被视为实现社会平等的"最伟大的工具"，教育公平受其外部条件和内

❶　温家宝，政府工作报告：2007 年 3 月 5 日在第十届全国人民代表大会第五次会议上［EB/OL］．［2022－06－08］http：//www. gov. cn/gongbao/content/2007/content_595132. htm.

❷　胡平生，金伯富，万筱群．试论社会主义市场经济的公平观［J］．当代财经，1996（11）：27—31.

部条件的制约，是社会公平的一个子系统❶。

教育主要包括：教育机会、教育过程、教育结果三个环节，教育的公平也就体现在这三个方面。教育过程公平主要是指各种教育资源配置的公平。教育资源包括硬件资源：设施、设备，软件资源：教师。教育资源配置是指教育资源在教育系统内部各个子系统间的分配，这首先涉及社会总资源对教育系统的配给，然后是这些配给在各级教育之间的分配。在义务教育阶段，教育资源的配置则是指社会总资源对义务教育阶段的配给以及这些配给在各地中小学之间的分配。教育过程中硬件设施、设备的配置，教育过程中起主导作用的教师的配置，会对教学效果产生直接的影响，因此教育的结果是依赖于教学过程的；而依据我国现行的教育考试升学体制，各级教育机会的获得（除小学外）是由教育结果决定的。据此看来，教育的过程将教育的三个层面紧密地联系起来，所以研究教育的公平关键是研究教育资源配置的公平。

义务教育的公共产品性质和社会公益性决定义务教育要公平、均衡地发展❷。教育过程中实际操纵课堂，引导教育，利用硬件设施、设备进行教学的是教师，所以教师在义务教育中的作用至关重要。由于义务教育是国家强制实施普及的，对于义务教育硬件设施、设备的配置国家也有达标标准来限制，因此要实现义务教育资源配置的公平就要保证教师配置的公平，只有实现了教师配置的公平才能真正实现基础教育的公平。教师配置的公平也就成为义务教育阶段研究教育公平的重点。

教师配置的公平是否就意味着不存在差异或是差异悬殊？差异存在是否意味着不公平关键取决于对于公平的价值判断，但是应先对教师配置的

---

❶ 李文砚，徐伟. 基础教育资源配置与教育公平问题研究 [J]. 淮北职业技术学院学报，2006，5（6）：71—72.

❷ 毕正宇. 论基础教育师资配置均衡化的宏观调控政策 [J]. 当代教育论坛，2005（2）：50—51.

现状进行分析，对其差异性或者公平程度进行测量。因此，教师配置差异性分析是判断教师配置是否公平的基础性工作。

近年来，我国教育事业发生了深刻变化，九年义务教育继续普及、巩固、提高，但是省区间、城镇村间义务教育面临的问题和发展战略呈现多元化趋势。教育事业的发展对教师队伍的规模、结构、质量产生重大影响，出现了许多新情况、新特点、新问题。在义务教育阶段，教师队伍的质量和教学水平在整体上不断提高的同时，省区间、城镇村间的分化明显，教师队伍发展中的问题和规律越来越缺乏普遍性，而呈现出省区和城镇村间不同的特征。因此有必要对近年来我国义务教育阶段教师的整体情况、地区差异、随时间变化情况等作详细的分析，较好地把握教师配置的现状，从而为教师培养、教师队伍建设与发展提供科学的理论指导及决策支持。

二、研究现状

教育的公平与发展是世界关注的问题，吸引了国内外众多学者去研究。教育是国家发展的重要组成部分，是影响经济发展的重要因素。教育的公共物品属性、准公共物品属性决定了教育受国家政策、社会性质的限制。因此，国家的经济体制不同、政治体制不同、运营体制不同，决定了其教育状况的不同、教育性质与发展的差异。我国是社会主义社会，西方国家为资本主义社会，这种社会性质的差异决定了我国与西方国家教育存在一定的差异，因此对于教育公平的研究，国内学者与国外学者在研究的侧重点、研究的方法等方面也存在一定的差异。但是由于教育教书育人的职责、促进社会经济发展的作用决定了不同国家的教育又有一定的共性。

1. 研究所具有的共性

关于义务教育公平与发展的研究主要是从三个层面展开的：接受教育

的机会、教育的过程、教育的结果，而对于教育的过程主要关注的是接受教育的条件，也就是教育资源的配置。公平是一定的标准，是对某一事物或行为所进行的价值判断，这种价值判断是基于对问题或事物的客观状况而进行的，因此众多的关于教育公平的研究都集中于对于教育各个层面现状的描述，差异性的衡量与分析。在对各个教育层面现状进行分析时，往往会选择能够代表该教育层面且能够进行测量的一些教育指标，通过对这些教育指标进行衡量、进行监测，来衡量教育各个方面的公平，从而衡量整体教育的公平。衡量指标的方法主要有描述式统计分析，绝对和相对的差异性分析。

2. 国内外研究的现状与比较

接受教育的机会是人类拥有的最基本的权利，教育机会的差异、教育机会的不均等意味着个人权利的不公，所以在教育发展的过程中各级各类教育所获得的机会是教育公平研究关注的一个方面。对于教育机会公平的研究，学者们多选取入学率或是升学率作为衡量的指标，主要关注的教育阶段为小学和中学教育。

对于入学率差异性的分析，国外学者多是从比较教育的角度关注世界上不同国家，在一段时间内入学率的变化趋势，并且多是与人类发展联系起来考虑的。例如，罗伯特·J. 巴罗（Barro，Robert J）（1991），在考查教育对经济发展的影响时对 1960—1985 年世界上 98 个国家的入学率进行了讨论；曼昆，等（Mankiw et al）（1992），莱文和泽沃斯（Levine and Zervos）（1993）等也都对世界不同国家不同层次教育的入学率进行了研究❶。迈斯（Maas）和克里尔（Criel）（1982）运用基尼系数对东非 16 个国家的入学率进行了差异性分析，他们发现在各个国家教育机会的获得存

---

❶ Barro，Robert J. Economic Growth in a Cross Section of Countries［J］. Quarterly Journal of Economic，1991（106）：407—443.

在很大的差异，并且入学率的基尼系数是与平均入学率负相关的，也就是说一个国家的平均教育机会多，则在该国家各地区教育机会的差异性相对要小[1]。

我国学者则更关注本国的教育情况，研究多为针对中国各级教育的入学率。1986 年《中华人民共和国义务教育法》颁布，开始推行九年义务教育，在随后的 20 年中，虽然义务教育得到大力的普及，但是由于我国幅员广阔，各个地区的自然条件、地理条件、文化条件、经济条件差别很大，所以各地区获得义务教育的机会还有一定的差异；同时我国在发展的过程中城乡的发展模式存在重大的差异，所以城乡之间的教育也存在诸多不同，因此学者关于接受教育机会差异的研究主要从时间、区域、城乡三个角度进行。例如，杜育红在《教育发展不平衡研究》一书中对 1978—1996 年我国不同省份的小学入学率、小学升初中升学率从时间序列角度采用标准差、变异系数进行了差异性分析，发现在这个时间段我国各省区小学入学率绝对差异（标准差）、相对差异（变异系数）变化趋势相同，都是先增加而后有所回落但仍高于初值；这说明我国接受小学教育机会的差异还是有所扩大，在普及九年义务教育的过程中小学阶段没有做到完全均衡的发展。小学升初中的升学率绝对差异（标准差）、相对差异（变异系数）的变化趋势也相同，都是先增加而后有所回落但低于初值，这说明我国小学毕业升入初中继续读书的机会的差异减少了[2]。张小波等学者的研究发现在 1990—2000 年中国经济发展快的地区在接受教育机会方面具有优势，例如在中国普及九年义务教育的过程中，沿海地区小学升初中的升学率就明显高于其他地区，几乎所有的学生都可以继续接受初中教育，而其他地区则会有将近 10% 的学生无法继续升学，在此研究中采取的是基尼系数、

---

[1]　Maas，Jacob van Lutsenburg，Ceert Criel．Distribution of Primary School Enrollments in Eastern Africa World Bank Staff Working Paper no. 511 ［M］．Washington DC：The world Bank，1982.

[2]　杜育红．教育发展不平衡研究 ［M］．北京：北京师范大学出版社，2000.

标准熵作为衡量差异的方法。

在接受教育的机会、教育的过程、教育的结果这三个教育层面中，教育的过程起到了紧密衔接的作用，教育公平的关键是教育过程的公平，也就是教育资源配置的公平，这是在讨论教育公平中最受关注的方面。对于教育资源种类的划分不同学者持有不同的观点，有的学者将教育资源划分为软件资源（师、资）与硬件资源（设备、设施等），有的学者将教育资源划分为人力（教师）、物力（设施、设备）、财力（教育经费），但无论怎么划分，学者们对教育资源配置的公平性研究所关注的方面是统一的，选取的实际测量指标是相同的，只是在研究中侧重点有所不同。在研究教育资源配置差异性时选取的指标有教育过程中所投入的设施、设备、经费、教师。

对于教育资源配置的差异性研究，国外学者主要关注经费配置的差异。德·威尔（Ter Weele）（1975）运用基尼系数对东非多个国家教育财政的差异进行了研究。曾满超（Mun C. Tsang）等在中国义务教育资源利用及配置不均衡的研究中，采用生均教育支出为测量指标、塞尔系数为研究方法，利用中国1997—2000年全国县级数据分析了中国义务教育资源配置的差异，研究结果发现，虽然不同地区之间资源利用模式相近，但地区之间的生均支出水平差异很大，特别是农村与城市之间、沿海省份与其他地区之间的支出差异非常明显。虽然非民族地区的支出水平高于民族地区，但差距相对较小。在研究中利用塞尔系数的可分解性发现，省内不平等占到总不平等指数的 2/3 到 3/4 之间，省间不平等占到总不平等指数的 1/4 到 1/3。而城乡不平等占省内不平等的比重全国平均为 1/3。城乡之间的巨大差距因地区间差距过大在总不平等中不能凸显。在 1997—2000 年，总不平等程度有所增加但是不明显❶。

---

❶ Mun C. Tsang, Yanqing Ding. Resource Utilization and disparities in Compulsory Education in China ［J］. Education and Economics, 2005（2）: 34—40.

国内对于义务教育阶段资源配置差异性的分析在设施、设备、经费、教师等方面均有讨论，但多数集中在描述的层面，对差异性只是定性地进行分析，进行量化分析的很少。由于政策、社会性质的原因，很多学者结合我国实际情况对教育资源配置的政策背景也做了较多的讨论。

在李克强 2006 年北京市城乡教育资源配置比较中对北京市基础教育（义务教育和普通高中）阶段教育资源的配置从设施、设备、经费、师资四个方面，区域间、区域内两个角度进行了全面的比较，对北京市教育资源的配置现状做了详尽的分析。郭志成对不同地区义务教育的办学条件进行了比较，其中办学条件主要包括校舍面积及质量、教学仪器设备（含计算机）、图书等。笔者认为校舍建筑面积及质量是办学的最基本保证，直接反映一个地区办学条件的状况，也是当今普及义务教育工作中反映比较突出的一个问题。而生均图书、计算机、实验仪器拥有量的差异，则反映出当前全国各地在现代社会条件下保证教学质量方面的物质条件的差距❶。王磊在研究中指出 1998 年全国城镇和农村小学危房中，农村小学危房占总量的 82.13%，农村小学、初中危房的比例也远远高出城镇小学、初中危房的比例❷。

对于现行义务教育经费配置的问题，众多学者在研究中均证明了如下的结论：我国义务教育投入的地区差异很大，而且差距还在不断地扩大。我国教育投入义务教育资源配置在城乡和地区之间严重不均，不仅违背了公平原则，而且不利于经济欠发达地区义务教育的发展❸。王善迈在研究中发现，我国义务教育经费在城乡间的分配极不平衡，主要表现在城市的基本办学条件和生均教育经费支出远远高于农村地区，从省际义务教育投入的绝对差异来看，也存在较大的差异，例如，我国小学生人均教育事业

---

❶ 郭志成. 不同发展水平地区义务教育办学条件的比较［J］. 中国教师，2006（2）：19—21.

❷ 王磊. 我国义务教育经费投入存在的主要问题［J］. 教育与经济，2002（1）：41—46.

❸ 陈欣. 我国现行义务教育投资体制研究综述［J］. 现代教育科学，2003（4）：24—27.

费比值由 1994 年 6.44 倍增至 1998 年的 10.03 倍，初中由 1994 年 4.37 倍增加到 1998 年的 7.42 倍[❶]。王磊在研究中指出，义务教育阶段城乡预算内生均教育经费存在较大差异，尤其是预算内公用经费，城镇小学和初中都要比农村高出 1 倍左右。李小红、邓友超在论基础教育阶段教育资源的均衡配置中提到，我国义务教育经费在区域间、区域内明显存在差异，东部地区教育经费明显高于西部地区，重点学校的教育经费明显高于普通学校[❷]。缩小差距——中国教育政策的重大命题课题组对我国不同省份、城乡经费配置的比例、绝对数量进行了分析，发现我国不同省之间存在较大差异、东中西部存在较大差异、省内差异要远大于省际的差异。

对于教育资源配置中教师资源的配置，学者的研究相对较少。李小红、邓友超在研究中对教师学历达标率进行了区域内、区域间差异性分析，东部地区教师学历达标率明显高于西部地区，重点学校的教师学历达标率明显高于普通学校。缩小差距——中国教育政策的重大命题课题组对教师水平进行了比较，得出如下结论：教师是教育质量的关键，我国教师水平在大幅度提高的大背景下，城乡教师水平的差距日益拉大。农村教师有效需求严重不足，年轻人到农村从教的意愿明显下降。中国教育问题的焦点在农村，农村教育问题焦点在教师，教师学历合格率的差异地区间相差很小，城乡间差异显著。我国教师学历要求偏低，如果将教师合格学历提高一个层次，则大多数农村教师学历都不合格。谢小波在试述区域内基础教育均衡发展背景下的教师政策中指出，当前城乡学校师资不均衡主要表现为：首先，在数量上存在差距，城市、县镇学校，重点学校教师数量充足甚至超编，而农村学校、薄弱学校教师数量不足且还有不少民办教师和代课教师。其次，在质量上存在差距，在学历层次上，城市教师第一学

---

❶ 王善迈. 社会主义市场经济条件下的教育资源配置方式［J］. 教育与经济，1997（3）：1—6.

❷ 李小红，邓友超. 论基础教育阶段教育资源的均衡配置［J］. 教育科学，2003（1）：9—11.

历达标率远远高于农村；在职称结构上，高职称教师的比例城市高于县镇，县镇高于农村，重点学校明显高于一般普通学校❶。

对于教育结果差异性的衡量，国内外学者多选取平均受教育年限作为衡量指标。皮萨欧普勒斯和阿里亚弋达（Psacharopoulos and Arriagada）（1986），巴罗和李（Barro and Lee）（1991/1993/1997）等都收集了各国家平均受教育年限的数据，并对教育结果进行差异性分析。托马斯，王和范（Thomas，Wang，and Fan）运用基尼系数对 85 个国家 15 岁以上人口的平均受教育年限进行了差异性分析，结果表明，教育结果的差异随时间推移有所降低，教育结果的差异是与平均受教育年限成反比的。我国学者杜鹏也选取平均受教育年限作为衡量指标，利用基尼系数对我国教育结果的差异进行了分析，得出如下结论：中国各地区教育差距一直以来呈下降趋势，教育在地区间还存在一定程度的差距，教育发达的地区教育差距更小，在教育差距下降的同时伴随着平均受教育年限的延长。但是针对我国教育体制、对于义务教育阶段结果进行测量则不适合选取平均受教育年限，平均受教育年限是对各级教育整体结果的一个衡量，可以选取初中升高中的升学率或学生的阅读能力等来进行测量。由于前者直接受政策的影响，后者又难以测量且不能对教育结果实现全面的反映，并且教育的结果是由获得教育的机会、接受教育的过程决定的，所以只要对其决定因素进行透彻的研究，则被决定的因素就能分析清楚。

综述目前的研究，我们发现众多针对教育差异的研究主要集中于教育机会、教育过程中的经费问题，而对于教师的差异性分析则甚少；在研究过程中学者多选取简单的数量描述、绝对差异性分析，运用相对差异性方法进行研究的较少；关注区域或城乡的研究较多，综合性的研究很少；选取一年情况进行研究的较多，而对于时间序列研究的较少。因此，基于对

---

❶　谢小波. 试述区域内基础教育均衡发展背景下的教师政策 [J]. 浙江师范大学学报（社会科学版），2007（1）：116—120.

教师配置状况研究的重要意义，本书欲采用描述性统计、塞尔系数的方法，从总体、省际、城乡三个角度，结合2003—2005年的数据对我国义务教育阶段教师配置的差异性进行分析。

三、差异性分析方法：塞尔系数

熵的概念源于热力学，是用来测量无序程度的，系统的无序程度越高熵越大，在没有外界影响的情况下，系统会向无序的方向演化，熵增加。

基于熵所具有的物理含义以及熵在信息论中的应用，将熵的方法引入发展经济学，用来衡量收入分配的差异。

如前表示为：

$$T = \frac{1}{n} \sum_{i=1}^{n} \frac{y_i}{\mu} \ln \frac{y_i}{\mu} \tag{3.2}$$

塞尔系数越大，表示该项指标的不均衡程度越高，如果完全均衡，那么塞尔系数为0，完全不均衡塞尔系数为$\ln n$。当某一指标Y中的元素y_i可以进行分组时，将其分为G组，每组包含的元素数量为n_g，每组的平均值为μ_g，对塞尔系数进行分解如下：

$$T(Y;n) = T(Y^1, Y^2, Y^3 \cdots Y^G; n)$$

$$= \frac{1}{n} \sum_{g} \sum_{i=1}^{n_g} \frac{y_i^g}{\mu} \ln \frac{y_i^g}{\mu}$$

$$= \sum_{g} \frac{n_g \mu_g}{n\mu} T(Y^g; n_g) + \frac{1}{n} \sum_{g} n_g \frac{\mu_g}{\mu} \ln \frac{\mu_g}{\mu} \tag{3.3}$$

当每组包含相同个数的元素时，则可以得到新的集合$M = (\mu_1, \mu_2, \mu_3 \cdots \mu_G)$，且该集合的平均值也为$\mu$。由塞尔系数分解后的表达式可以看出，塞尔系数可以分解成带有权重的组内差异（前一部分）与组间差异（后一部分）之和。通过推导可得，在分组后每组含有同样数目样本时，塞尔系数可以表示为：

$$T(Y;n) = \sum_g \frac{n_g \mu_g}{n\mu} T(Y^g;n_g) + \frac{1}{n} \sum_g n_g \frac{\mu_g}{\mu} \ln \frac{\mu_g}{\mu}$$

$$= \sum_g \frac{n_g \mu_g}{n\mu} T(Y^g;n_g) + T(M,G) \qquad (3.4)$$

基于塞尔系数的性质，可以用来衡量总体的差异，并且判断总体差异是由于组内差异还是组间差异造成，以及两部分对总体差异的影响程度。所以在对样本进行多角度差异性测量，并且需要考察不同方面对差异性的影响程度时，塞尔系数就是常用的测量方法。但是塞尔系数对于需要测量指标的数据量度要求较高，需要定比量度。

四、义务教育教师配置差异性实证分析

1. 指标体系的构建

目前，国际上惯用的监控教育发展状况的重要依据是教育指标体系。指标体系具有系统决策、反映效益、过程监测及可比的功能。本书从教师的数量、质量、结构三个方面构建衡量义务教育教师配置的指标体系。

在教师数量方面，由于教学是以班级为单元的，是教师学生间的双向互动的过程，因此对教师数量进行考察时单纯考虑教师的绝对数量是没有意义的。在本书中我们选择师班比来反映教师的数量。

在教师质量方面，对从业人员进行学历和资格的要求是专业劳动力市场的一个根本特征，它是保证从业人员质量和维持专业精神、专业素养的一种重要保证。所以对于教师劳动力市场来说，教师的学历、实践经验尤为重要。根据我国教师评级的标准（综合考虑学历、教学经验与教学结果），职称是对教师综合质量的考察，因此选取高级职称教师比例作为对教育质量的测量指标。

在教师结构方面，由于我国教师职业的准公务员性质，教师劳动力市

场与其他劳动力市场之间流动性相对较小，因此对教师年龄的考察不仅是对劳动力年龄分布的了解，同时能够衡量教师工作经验（教龄）以及预测教师未来工作年限（劳动力存量），对于教师年龄结构研究就尤为重要。

2. 实证分析

利用平均值法、改进的塞尔系数法结合教师配置指标体系对我国2003—2005年小学和初中的教师配置情况进行分析，结果如下：

数量：小学师班比逐年提升，平均水平由2003年1.70∶1增加到2005年的1.83∶1。从省际角度来看，2003年小学的师班比最高的为2.52∶1，最低仅为1.24∶1；2004年师班比最高的为2.55∶1，最低的仅为1.16∶1；2005年师班比最高的为2.56∶1，最低的仅为1.29∶1。在这三年间几乎所有省份的师班比均有所提升，虽然不同省份的师班比数值上存在一定差异，但差异在不断地缩小。从城乡的角度来看，城市、县镇小学的师班比非常接近，远高于农村小学的师班比，但城乡小学师班比间的差距在缩小。从塞尔系数来看，小学师班比的总体差异在逐年降低，也就是我国小学的师班比在提升的过程中趋于均衡，在总体差异中省际差异约占总体差异的20%，城乡差异约占80%。

初中师班比稳步增加，平均水平由2003年的2.98∶1增加到2005年的3.15∶1。从省际角度来看，2003年初中师班比最高的为3.46∶1，最低仅为2.58∶1；2004年师班比最高的为3.60∶1，最低的仅为2.66∶1；2005年师班比最高的为3.77∶1，最低的仅为2.73∶1。在这三年间大多数省份的师班比均有所提升，但同时数值上的差距有所增大，也就是初中的师班比在改善的过程中绝对差距有所扩大。从城乡角度来看，初中师班比数值上城市、县镇、农村差异很小，并且逐渐趋同。塞尔系数很小，总体差异不显著，但是有扩大的趋势，并且省际差异占总体差异的比重有较大增加，由2003年的一半左右扩大到2005年的2/3强，见表3-6。

表 3-6 小学和初中（括号内）师班比

年份	总计	城市	县镇	农村	总体差异	省际差异比重/%
2003	1.70 (2.98)	2.31 (3.09)	2.24 (3.02)	1.48 (2.90)	0.01331 (0.00184)	24.10 (52.17)
2004	1.76 (3.04)	2.34 (3.14)	2.33 (3.06)	1.55 (2.98)	0.01103 (0.00237)	19.17 (56.28)
2005	1.83 (3.15)	2.40 (3.22)	2.43 (3.16)	1.60 (3.10)	0.01011 (0.00200)	19.38 (68.02)

质量：小学教师质量逐年提升，高级职称教师比例逐年增加，三年从 36.01% 增至 42.55%。对于小学教育，高级教师包括中学高级与小学高级两部分。从省际的角度，在 2003—2005 年这三年间我国各省份高级教师的比例主要分布在 20%～50%，且每年都有所增加，但是各省份之间数值的绝对差距较大。从城乡角度看，在小学高级职称教师比例数值上，城市高于县镇，县镇高于农村，城乡间绝对差距三年内保持稳定。从塞尔系数看，小学教师质量总体差异逐年降低，说明教师质量在提升的过程中，差距有所缩小，总体差异中省际差异所占比重较大，约为城乡差异的两倍。

初中高级职称教师比例虽然较低，但是逐年增加，教师质量稳步提升，平均水平三年增长 1/3。从省际的角度来看，在 2003—2005 年这三年间我国各省份初中高级教师的比例都很低，大多不及 10%，但每年会有 20% 左右的增长，省份之间差距较大，最低的省份与最高的省份在数值上相差几十倍。从城乡角度来看，县镇、农村初中高级职称教师比例在数值上较为接近，约为城市的 1/3，城乡之间高级职称教师比例的差距较大。塞尔系数超过 0.1，总体差异比较显著，但有明显的逐年缩小的趋势，总体差异中城乡差异占较大比重，省际差异仅为城乡差异比重的 1/2，见表 3-7。

表 3-7 小学和初中（括号内）高级职称教师比例

年份	平均/%	城市/%	县镇/%	农村/%	总体差异	省际差异比重/%
2003	36.01 (4.88)	44.34 (12.36)	39.81 (3.94)	32.70 (2.33)	0.0226 (0.1643)	68.74 (34.10)
2004	39.26 (5.63)	47.13 (13.71)	43.74 (4.82)	35.94 (2.79)	0.0220 (0.1484)	62.71 (34.51)
2005	42.55 (6.56)	50.48 (15.57)	46.93 (5.64)	39.18 (3.47)	0.0172 (0.1339)	72.95 (35.06)

结构：我国小学教师年龄主要分布在 30~40 岁，平均年龄变化比较平稳，逐年略有增加。从省际角度看，我国小学教师平均年龄主要分布在 30~40 岁，没有省份低于 30 岁，高于 40 岁的省份占总数 10% 左右，35 岁以下教师已经成为教师的主体，比例最高的省份超过 70%，不同省份之间教师的平均年龄有一定差距，最大相差 5 岁左右。从城乡的角度来看，城市教师相对年轻化，农村教师年纪大的比例较高，反映在数值上，教师的平均年龄城市低于县镇，县镇低于农村。塞尔系数非常小，教师平均年龄的总体差异不显著。

我国各省份初中教师的平均年龄主要分布在 35 岁左右，教师平均年龄变化比较平稳，不同省份之间教师的平均年龄有一定差距，最大相差 8 岁左右。初中教师年龄结构稳定，变化很小，但是年龄分布不均，主要集中在 45 岁以下，比例超过 80%，其中 26~30 岁教师所占比例最大超过 1/4。从城乡角度来看，教师的年龄分布也很稳定，县镇、农村的教师要比城市教师略年轻化，城乡差距不大。塞尔系数非常小，也就是教师的平均年龄差异很小，见表 3-8。

表 3-8　小学和初中（括号内）教师平均年龄

年份	平均	城市	县镇	农村	总体差异	省际差异比重/%
2003	37.87 (34.35)	35.57 (35.70)	36.66 (34.28)	38.83 (33.81)	0.00065 (0.00055)	52.66 (55.65)
2004	38.08 (34.64)	35.73 (35.93)	36.81 (34.58)	39.05 (34.14)	0.00066 (0.00058)	51.68 (58.07)
2005	38.29 (34.99)	35.79 (36.23)	36.77 (34.93)	39.40 (34.51)	0.00074 (0.00056)	50.87 (58.37)

五、结论与建议

综合实证分析的结果，我国义务教育阶段教师配置呈现如下特点：义务教育阶段教师质量的差异最显著，结构方面的差异最小；小学教师数量、结构的差异要高于初中，初中教师质量的差异较小学显著；数量方面，义务教育师班比逐年提升，小学阶段总体差异逐年缩小，总体差异中城乡差异大于省际差异，初中阶段差异有扩大的趋势，总体差异中省际差异所占比重较大；质量方面，义务教育高级职称教师比例逐年增加，总体差异逐年缩小，小学阶段省际差异占总体差异较大比重，初中阶段则是城乡差异大于省际差异；结构方面，义务教育教师平均年龄稳步增加，总体差异非常小，但是教师年龄分布不均，教师队伍年轻化。

针对义务教育教师配置的现状，要实现教师配置的均衡与公平，可从以下几个方面入手，制定相关政策加以解决：

①首要加快义务教育阶段不同省份、城乡教师质量的同步提升，尤其侧重于初中；同时进行教师数量与结构的调整主要侧重于小学。

②在教师数量进行调整的时候，小学要注重城乡之间的调整，初中要在保证教师数量的同时关注省际的调整。

③在提升教师质量的时候，小学要关注省际教师质量的协调发展，而初中则主要关注城乡间教师的同步发展。

④科学规划，在教师队伍调整的时候，要充分考虑年龄问题，改善义务教育阶段教师的年龄结构，缓解教师队伍年轻化问题。

第四节　北京市普通高中教育资源配置差异性分析

普通高中教育，在整个国民教育体系中处于一个承上启下的关键位置，一方面作为义务教育的延续和提升，能够影响义务教育的发展，另一方面作为高等教育的预备，为其输送优秀生源，关系到高等教育的发展。因此，普通高中教育一直以来是教育改革与发展的重点与难点。普通高中教育的发展也一直是北京教育发展的重点，从 2007 年开始进行高中课程改革，力图构建既具有首都特色、充满活力，又有利于学生全面而有个性发展的高中教育❶。

一、研究背景

在义务教育均衡政策不断推行并取得良好效果的背景下，随着高中教育的普及，逐步推行普通高中教育均衡政策也将是未来的发展趋势，而教育资源均衡配置则是实现教育均衡的重要方式。在基础教育阶段进行教育资源均衡配置可以缩小学校间的办学差距，减少择校现象，促进教育公平，这已成为共识❷。教育资源公平配置的实质，是在教育机会均等原则的支配下，资源配置主体通过制定与调整相关的教育政策和法律制度来进行教育资源调配，为教育系统内部各组成部分或不同子系统提供均衡的教育资源，使教育资源需求与供给达到相对公平的状态，并最终落实到受教育者个体对教育资源的使用上，实现教育资源效益最大化❸。就北京市而言，普通高中的教育资源配置在区县之间、校际仍然存在差距，同时这些差距也在一定程度上引起了教育选择等问题。研究北京市的普通高中教育资源配置现状及差异，对促进普通高中发展有着重要的现实意义。本研究即是依据北京市普通高中教育发展的现实需求，从普通高中教育规模、软件建设、硬件建设三个方面建立普通高中发展指标体系，采取均值及基尼系数的方法，运用北京市教育委员会的相关统计数据，力图从宏观层面反映北京市普通高中教育资源配置的状况。

---

❶ 首都师范大学首都基础教育发展研究院. 首都基础教育发展报告. 2007：北京市普通高中课程改革［M］. 首都师范大学出版社，2008.

❷ 潘昆峰，李扬. 高中教育资源均衡配置的效果及其动力学分析［J］. 清华大学教育研究，2010（5）：14—22.

❸ 李星云. 论我国义务教育资源的公平配置［J］. 江海学刊，2006（6）：117—120.

二、研究方法：基尼系数

目前，国际上惯用的监控教育发展状况的重要依据是教育指标体系。指标体系具有系统决策、反映效益、过程监测及可比的功能。本研究吸取经济合作与发展组织（OECD）教育指标设计的思想，从高中教育的方方面面（包括教育规模、师资水平、办学条件）来建立宏观指标群，并考虑高中发展的政策背景，深入刻画高中教育发展状况❶。普通高中教育的发展受诸多方面因素的影响，指标体系的建立遵循如下原则：落实教育政策，全面反映新颁《北京市中小学办学条件标准》；强调总量，同时反映结构；强调实效性，将教育指标落实到学生身上。具体指标体系如下：普通高中教育的规模主要体现在学校、班级、学生的数量及分布；师资水平主要反映师资状况，生师比体现教师的数量，教师学历反映教师的质量，性别、年龄、职称反映教师结构；办学条件主要包括教育教学所需的场地、设施、设备等，由于在教育教学过程中是学生使用，所以均为生均数量，见表 3 - 9。

表 3 - 9　高中发展指标体系

教育规模	学校数量
	班级数量及班额
	学生数量
师资水平	生师比
	教师学历
	教师性别
	教师年龄
	教师职称

---

❶ 曾晓东. 教师蓝皮书：中国中小学教师发展报告（2012）［M］. 北京：社会科学文献出版社，2012.

办学条件	学校占地 （生均学校占地面积、生均运动场面积）
	各类用房 （生均校舍面积、生均教学及辅助用房面积）
	生均计算机数
	生均图书
	固定资产 （生均固定资产总值、生均教学仪器设备资产值、生均实验设备资产值）

此外，本研究选取平均值对高中阶段教育的情况进行整体性描述，基尼系数衡量高中教育发展的差异。选取区县间基尼系数来分析各个区县之间的高中教育发展差异，下文中统称为区县间差异；根据《中共北京市委、北京市人民政府关于区县功能定位及评价指标的指导意见》（京发〔2005〕6号）选取典型区县，北京市各区县分别被划入首都功能核心区、城市功能拓展区、城市发展新区、生态涵养发展区，从中各选取一个区县为典型代表的区县内基尼系数来分析同一区县中各所学校的校际差异，区县内差异则为四个典型区县的区县内差异统称。

三、教育规模

1. 学校数量及类型

2013年，北京市16个区县及燕山地区有高级中学41所、完全中学200所、十二年一贯制学校50所，共291所。其中，教育部门办学229所、其他部门办学4所、地方企业办学2所、民办56所。从区县的分布来看，大部分高中主要集中在城区内。

2. 班级数量及班额

2013 年，北京市普通高中共有班级 5897 个，全市平均班额为 31.81 人/班，远小于《北京市中小学校办学条件标准》规定的 45 人。其中，城区 5168 个班，平均班额为 31.50 人/班；镇区 555 个班，平均班额为 35.31 人/班；乡村 174 个班，平均班额为 29.93 人/班，班额较高的主要为镇区的学校。在不同区县间，班额水平也呈现出一定的差异。平均班额最低的区县为 28.07 人/班，最高的为 41.64 人/班，区县间基尼系数为 0.059。

通过对首都功能核心区、城市功能拓展区、城市发展新区、生态涵养发展区四个典型代表区县的分析，发现班额的区县内基尼系数要普遍大于区县间基尼系数，即区县内学校间的班额差异要大于区县间的班额差异。四类区县中，首都功能核心区的平均班额最低，为 28.07 人/班；城市功能拓展区的平均班额不高，但是其校际差异是四类区县中最大的，区县内基尼系数为 0.176，且该区县内有两所学校的平均班额达到了 50 人/班以上；城市发展新区代表区县的平均班额和区县内基尼系数均高于全市的水平；生态涵养发展区代表区县的平均班额为 37.73 人/班，是四类区县中最大的，但其区县内基尼系数仅为 0.059，校际差异没有其他几个区县明显。

3. 学生数量

全市共有普通高中在校生 187586 人，其中女生 96621 人，占学生总数的 51.51%；高一 60357 人、高二 63665 人、高三 63564 人。其中高二、高三的在校生数量差别不大，高一在校生数减少 3000 多人，而 2013 年的计划招生数更少，只有 59983 人，可见，近两年普通高中的学生规模呈下降趋势。在 16 个区县及燕山地区中，在校生人数最少的有 1023 人，占全市的 0.55%；最多的有 42111 人，占全市的 22.45%。按照办学模式划分，高级中学 40672 人、完全中学 125319 人、十二年一贯制学校 20304 人、附设普通高中班 1291 人，完中仍然是北京市普通高中的主体；按照办学主体划分，教育部门办校 163187 人、其他部门办校 2509 人、地方企业办校 1147 人、民办校 20743 人。

外省随迁子女 21365 人，占学生总数的 11.39%；外国籍学生 1550 人，占学生总数的 0.83%。随迁子女在京就读高中的数量并没有义务教育阶段那么突出，其中随迁子女比例较高的区县主要集中在城市功能拓展区和城市发展新区，区县间基尼系数为 0.326。

四、师资水平

1. 生师比

2013 年，北京市普通高中专任教师共有 20840 人，在所有区县地区中专任教师数最少的为 103 人，占全市的 0.49%；最多的为 3792 人，占全市的 18.20%。全市普通高中的生师比为 9.00∶1（全国为 14.95∶1），区县间基尼系数为 0.076。与区县间差异相比，区县内的差异更为突出。四类区县中生师比和差异均较高的是城市功能拓展区，在该区中有部分学校的生师比甚至超过了 15∶1，在城市发展新区中同样有此种学校存在；首都功能核心区的生师比是各区县中最低的，为 7.58∶1；生态涵养发展区的区县内差异则低于全市的差异值。

2. 教师学历

北京市普通高中专任教师学历合格率（本科及以上）为 99.44%，最低的区县为 98.17%，最高有 4 个区县达到 100%，在这一指标上区县间的差异很小，区县间基尼系数为 0.002。相对于本科学历，各区县间专任教师硕士以上学历比例的差异较大。全市学历为硕士及以上的教师占比

19. 21%，最低的区县为 4. 09%，最高的为 25. 13%，比例高的区县大多为城区，区县间基尼系数为 0. 154。该指标的区县内差异更为明显，远高于区县间。四类区县这一指标的区县内基尼系数，均超过了 0. 3。

3. 教师性别

专任教师中 70. 59% 为女性，同时在各年龄段中女性均占据了较高的比例，仅有 55～59 岁这一年龄段例外，但这主要是因为女教师在 55 岁时面临退休的问题。从这一结果看，北京市普通高中专任教师的性别比例存在一定的失衡现象，并且无减缓的趋势。

4. 教师年龄

北京市普通高中专任教师的平均年龄为 38. 09 岁，主要集中在 30～34 年龄段，占比 25. 2%。各区县普通高中教师的平均年龄都分布在 35～40 岁，区县间差异很小，基尼系数为 0. 018。对四类典型区县的差异分析表明，区县内的差异也很小，但普遍高于区县间的差异。其中，差异最大的为城市发展新区，其区县内基尼系数为 0. 040。

5. 教师职称

北京市普通高中专任教师中有职称的教师比例为 91. 87%，最低的区县为 68. 98%，最高的为 97. 17%，区县间基尼系数为 0. 029。具有中学高级职称的教师比例为 35. 34%，最低的区县为 22. 78%，最高的为 46. 28%，且高比例区县多为城区，区县间基尼系数为 0. 090。从区县内的角度分析，区县内的差异也普遍大于区县间的差异，仅生态涵养发展区的差异不明显。

五、办学条件

1. 学校占地

学校占地是一所学校用于开展各项办学活动的主体，因此这一指标无疑是办学条件中的基础。北京市普通高中生均学校占地面积为35.51平方米/人，最低的区县为18.14平方米/人，最高的区县为66.22平方米/人，人均相差近40平方米，且城区的生均学校占地面积普遍较低，区县间基尼系数为0.208。典型区县的分析结果同样表明了这一结论。首都功能核心区由于所有学校均属城区，因此生均占地面积远低于全市的平均水平，且学校间的差异并不大；而城市功能拓展区的主要特点表现为生均面积并不大，但是学校间差异明显；城市发展新区的生均学校占地面积相对最大；生态涵养发展区的区县内差异也较明显。

运动场地是学生课外活动的主要场所，对学生的体质健康有着重要影响。北京市普通高中生均运动场面积为11.23平方米/人，最低的区县为5.66平方米/人，最高的区县为21.87平方米/人，区县间基尼系数为0.218，且区县分布的特点与占地面积的区县分布大体保持一致，城区的生均运动场面积大部分未达到全市的平均水平。从区县内差异的角度看，校际差异大于区县间的差异，除生态涵养发展区外，其他区县的区县内基尼系数均大于全市的区县间基尼系数。

2. 各类用房

校舍是师生学习、生活的重要场所，其优劣是判断办学条件是否合格的重要依据之一。北京市普通高中生均校舍面积为22.70平方米/人，最低的区县为16.99平方米/人，最高的区县为29.35平方米/人，区县间基尼系数为 0.080，与之相对，四类区县的区县内基尼系数均超过了 0.25。因此在这一指标上，区县之间的差异并不大，主要的差异来自区县内。

教学及辅助用房则是各类用房中最核心的部分，是教学的主要场所。北京市普通高中生均教学及辅助用房面积为 7.83 平方米/人，最低的区县为 4.73 平方米/人，最高的区县为 10.74 平方米/人，区县间基尼系数为 0.090。而区县内的差异均大于区县间的差异，尤其在首都功能核心区、城市功能拓展区及城市发展新区这三类区县中。

3. 生均计算机数

学校计算机的数量是衡量学校现代化水平的重要指标。北京市普通高中生均计算机数为 0.42 台/人，最高的区县与最低的区县仅相差 0.2 台/人，区县间基尼系数为 0.062，差异并不大。考量校际差异的结果表明，区县内的差异相对较大。在城市功能拓展区中，最低的学校生均计算机数为 0.05 台/人，最高的为 1.06 台/人，其区县内基尼系数达到 0.270；其他区县的区县内基尼系数也超过了全市的差异值。

4. 生均图书

学校图书藏量对学生的成长有重要的意义，为学生提供良好的阅读环境有利于学生课堂之外的自主学习。北京市普通高中生均图书为 54.29 册/人，最低的区县为 29.15 册/人，最高的区县为 85.43 册/人，区县间基尼系数为 0.174。四类区县中，首都功能核心区的生均图书册数最高，差异也相对最小；城市功能拓展区和城市发展新区的生均图书册数低于北京市的平均水平，其区县内差异则明显高于区县间差异；生态涵养发展区的区县内差异同样较大。

5. 固定资产

固定资产的货币价值在一定程度上反映了学校在硬件设备方面投入程

度。北京市普通高中生均固定资产总值为 4.51 万元/人，最低的区县为 2.96 万元/人，最高的区县为 7.69 万元/人，区县间基尼系数为 0.106。区县内的差异大于区县间的差异，四类区县中差异最小的生态涵养区，区内差异为全市区县间差异的 3 倍左右。

教学仪器设备资产直接与教育教学活动相关，在辅助教育教学工作上有较大的帮助。北京市普通高中生均教学仪器设备资产值为 1.02 万元/人，大部分区县分布在 0.7~1.4 万元/人，区县间基尼系数为 0.113。与固定资产总值一样，生均教学仪器设备资产值的区县内差异高于区县间差异，其中城市功能拓展区的区县内差异最大。

实验设备资产是教学仪器设备中的一种，同样起着辅助教学活动的作用。北京市普通高中生均实验设备资产值为 0.13 万元/人，大部分区县分布在 0.06~0.19 万元/人，区县间基尼系数为 0.154。四类区县的区县内基尼系数均超过了 0.3，远高于区县间的差异。

六、主要结论

从学校数量和教育规模上来看，北京市普通高中教育由教育部门主办，以完中为主体，主要分布在城区，招生规模逐年缩减，所有区县的平均班额都满足《北京市中小学校办学条件标准》的要求。从差异的角度看，区县间在校生数差别较大，班额的区县内差异大于区县间差异，其中城市功能拓展区的区县内差异最大。

从师资条件上来看，教师数量充足，生师比远低于全国水平；教师学历基本合格，硕士及以上学历的教师比例不高；教师队伍性别比例存在一定失衡，且无减缓趋势；年龄分布集中，主要在 30~34 岁；全市有职称的教师比例超过 9 成，其中高级职称教师比例约为 35%。从差异的角度看，无论数量、质量还是结构，区县内差异均大于区县间差异。对于区县间差异，教师质量差异最大，结构差异次之，数量差异最小。对于区县内差异，城市功能拓展区在生师比上差异最大；城市发展新区在教师学历上差异最大；城市发展新区在高级职称教师比例上差异最大。

　　从办学条件上来看，全市生均占地面积和运动面积两项指标的区县分布大体一致，均是首都功能核心区最小，城市发展新区最大；城市功能拓展区生均校舍面积最小，生态涵养发展区生均教学及辅助用房面积最小；区县间生均计算机数无太大差异，相对来说城市发展新区较小；城市功能核心区的生均图书册数远高于其他区县，城市功能拓展区生均图书册数最低；各类区县间的生均固定资产值、教学仪器设备资产值、实验设备资产值差异不大，其中首都功能核心区生均固定资产值最小，城市发展新区生均教学仪器设备资产值和实验设备资产值最小。从差异的角度看，绝大多数指标的区县内差异大于区县间差异。在硬件建设的所有指标中，生均运动场面积的区县间差异最大。对于区县内差异，学校用地的两项指标均是城市功能拓展区的最大；生均校舍面积是城市发展新区的区县内差异最大，首都功能核心区的生均教学及辅助用房面积差异最大；生均计算机差异最大的区县是城市功能拓展区；城市发展新区的生均图书册数差异最大；资产的各类指标中，首都功能核心区的生均固定资产值差异最大，城市功能拓展区的生均教学仪器设备资产值和生均实验设备资产值差异最大。

第四章　基于逆倾向评分加权和离散因子近似的九年一贯制学生发展评估

　　"九年一贯制"是指小学、初中联体办学，使九年义务教育成为一种连续的、系统的、整体的学制模式。九年一贯制以一贯的理念组织教育教学、实现学生系统培养，是在义务教育阶段统筹教育资源、调整教育结构、促进均衡发展的一项积极有效的改革。

　　2013年，党的十八届三中全会审议通过的《中共中央关于全面深化改革若干重大问题的决定》中明确提出了"义务教育免试就近入学，试行学区制和九年一贯对口招生"。北京市在"十二五"期间出台系列政策，如2014年北京市教委颁布《关于做好小学初中学段衔接工作的意见》明确提出：积极推进九年一贯制学校建设，探索有利于中小有效衔接、学生系统培养的办学体制、机制，促进义务教育的协调、科学、持续发展。

　　不同办学模式的探索是为了更好地促进教育的发展，进而促进学生的发展，实现学生能力的提升，增加学生的实际获得。因此，九年一贯制对学生能力的影响是评估九年一贯制改革成效的重要方面。

本章运用潜在因素模型及逆倾向评分加权和离散因子近似相结合的方法，对九年一贯制学校中连续就读学生（中小学连续就读）与初中转入学生的认知、非认知与知觉发展状况进行研究。研究发现，与连续就读学生相比，转入学生在身体素质、社会适应和学业成绩方面的总体发展较差，同时，转入学生的自信、受欢迎程度和对学校的评价也较低，而深入分析其原因，转入学生首次考试成绩较低，只能部分解释这种差别。

第一节 研究背景

义务教育是中国教育的基石。如何推进义务教育的发展，各地都在探索，九年一贯制应运而生，在当代中国的义务教育领域正扮演着越来越重要的角色。"九年一贯制"是指小学、初中联体办学，使九年义务教育成为一个连续的、系统的、整体的办学模式❶。"九年一贯制"是北京市教育综合改革的重要举措之一，"十二五""十三五"时期，都对其进行了大量探索。

九年一贯制并非是一个全新概念，九年一贯制学校是根据国家义务教育法关于实施九年义务教育年限的规定产生的，它随着义务教育的实施、推进而成为被关注的一种学制模式。这种贯穿小学、初中教育的一体化办学模式，体现了教育的一体化和规模集聚效应。随着社会的发展，城镇化建设的推进，人口出生率的下降，实施九年一贯制是义务教育发展的必然趋势。

---

❶ 柳春霞. 九年一贯制办学模式的若干思考 [J]. 教育科学研究, 2001 (10)：27—29.

一、九年一贯制学校的发展脉络

九年一贯制学校在我国有几十年的发展实践历程。20 世纪 70 年代及以前，全国各地都存在小学与初中一体的学校，它是在一个完全小学里附带初中，初中是小学的附属。80 年代，出现小学初中分立趋势，大量学校分成独立的小学、初中，但同期上海、北京等发达地区开始了一贯制办学的有益探索，为其他地区创办九年一贯制学校提供了理论和实践依据。90 年代，逐步鼓励地方政府有条件地建设九年一贯制学校，一些地方又出现小学初中一体办学的尝试。到 21 世纪，九年一贯制学校似乎又成为众所追求的办学模式。

回顾这种办学模式的演变，其实有着本质的区别，目前的九年一贯制学校是建立在九年义务教育一贯制学制基础之上的办学模式，之前的小学初中一体办学的实质是不同学制的两个学段，并不存在本质上的一贯制。

二、九年一贯制的相关政策

2013 年，党的十八届三中全会审议通过的《中共中央关于全面深化改革若干重大问题的决定》中明确提出了"义务教育免试就近入学，试行学区制和九年一贯对口招生"。其实，从 20 世纪 90 年代起，国家就出台了系列文件，推动九年一贯制相关工作。《关于在全国开展治理中小学乱收费工作的实施意见》（国办发〔1996〕18 号）中强调时机成熟时，还可在大中城市积极推行九年一贯制（特别是新建校，尽可能建成九年一贯制学校），既可在同一所学校实行九年一贯制，也可在异校之间由相对就近的小学和初中挂钩实施九年一贯制。2001 年，《国务院关于基础教育改革与发展的决定》中指出有条件的地方，可以实行九年一贯制；2002 年，《教育部关于印发〈基础教育工作分类推进与评估指导意见〉的通知》中指出逐步推进九年一贯制，带动中小学建设的整体和均衡发展；2012 年，《国务院关于深入推进义务教育均衡发展的意见》指出："鼓励各地探索建立区域内小学和初中对口招生制度，让小学毕业生直接升入对口初中。支持初中与高中分设办学，推进九年一贯制学校建设。"

其间，各地也在国家政策的引领下，出台了系列推进九年一贯制学校建设的改革措施。较早的是上海，上海市在《关于编制 上海市建设一流基础教育 "九五"规划及 2010 年远景目标的若干说明》中指出：九年一贯制办学的意义，在于对义务教育阶段的学生培养进行整体设计、分阶段实施，加强教育的衔接，更好地适应学生身心发展的规律。而在近期比较密集出台政策的有成都、北京等地。成都市在 2014 年为推动全市义务教育高位均衡优质发展，切实提高九年一贯制学校办学水平和教育质量，出台了《成都市教育局关于推进九年一贯制学校发展的意见》，深化九年一贯制学校课程改革、管理方式改革，提升办学质量，高起点、高标准建设一批优质九年一贯制学校，整体提升全市九年一贯制学校发展水平。北京市在 "十二五"期间也出台了相关政策，2014 年北京市教委颁布《关于做好小学初中学段衔接工作的意见》，积极推进九年一贯制学校建设，探索有利于中小有效衔接、学生系统培养的办学体制、机制，促进义务教育的协调、科学、持续发展。同年，北京深化基础教育综合改革，一批九年一贯制学校相继成立。随后多所小学、初中实现升学对口直升或一定比例的直升，成为推动综合改革的重要举措，截至 2016 年北京市九年一贯制学校116 所❶，对口直升学校数十所。

九年一贯制是推进义务教育办学模式改革的重要举措，不同办学模式的探索无非是为了更好地促进教育的发展，归根到底是为了促进学生的发

---

❶ 北京市教育事业统计资料（2015—2016 年）.

展，实现学生能力（认知与非认知等）的提升，增加学生的实际获得。因此九年一贯制对学生能力的影响是评估九年一贯制办学模式改革成效的重要方面。然而九年一贯制办学模式是否达到预期效果？与小学、初中独立办学相比，对学生的认知、非认知等方面的发展是否产生了影响？产生影响的原因是什么？这些问题还需进一步调查、分析。

第二节　九年一贯制学校发展现状

本节从学校类型、培养目标、课程建设、学校管理、课堂教学五个方面，通过调查分析九年一贯制学校发展现状。

一、学校基本状况

调查共涉及九年一贯制学校 61 所。从地域分布来看，城市学校、县镇学校所占比例均为 57.38%，农村学校所占比例为 42.62%。从建校时间来看，建校多于 20 年的学校较多，占 34.42%，5 年及以下的学校占 11.48%，6 ~ 10 年的学校占 26.23%，11 ~ 15 年的学校占 13.12%，16 ~ 20 年的学校占 14.75%。从建校原因来看，中、小学合并的学校数量较多，占 45.91%；建校即九年一贯制的学校次之，占 39.34%；增设学段的学校占 14.75%。

九年一贯制学校专任教师中高级职称比例为 18.55%；本科及以上学历比例为 96.02%（2015 年，北京市义务教育阶段教师本科及以上学历比例为 91.39%），略高于北京市义务教育阶段平均比例；市级骨干教师比例为 0.89%，区级骨干教师比例为 16.26%；市级学科带头人比例为 0.25%，区级学科带头人比例为 0.85%；生师比为 11.36∶1（2015 年，北京市义务教育阶段生师比为 12.62：1），略低于北京市义务教育阶段平均值；小学初中均在本校就读的学生比例为 48.80%。

二、培养目标

培养目标是对本学校的具体情况进行全面、系统地研究，在国家教育目的的指导下，根据不同地区、学校、学生的不同特点制定的体现学校特色的、要求受教育者必须要达到的人才质量标准。

从学校的培养目标来看，虽表述有差别，基本体现人才的质量标准，体现出学生毕业要获得的品质，如品行良好、身心健康、全面发展、学有所长、创新精神、实践能力等。同时，学校的培养目标也体现了一定的未来前瞻性，如培养适应未来发展的中国人、培养未来新型人才等。但是也存在一定的问题，学校的培养目标共性很强，没有体现出学校特色；对于九年一贯制学校，其教育的连贯性、培养目标的统整性没有较好地体现。

三、课程建设

2015 年，北京市为深化教育领域综合改革，切实解决基础教育中存在的问题，进一步扩大各区县和学校课程建设自主权，制订了《北京市实施教育部〈义务教育课程设置实验方案〉的课程计划（修订）》。对于一贯制学校来说，如何通过课程建设为学生提供更多的选择，让各学段真正连贯起来，使学生在课程学习中有获得感，是在新常态下必然会形成的发展形态。

1. 课程提供

首先，作为课程开发的主体之一，各区县在课程建设方面的作用非常重要。各区县中，开发地方课程最多的区县为 7 门，最少的区县为 1 门。在这些课程中，类型较多的主要是当地的地理、历史及生态，一半以上区县的课程明确涉及这方面。其次，各区县在学校制定课程方案的过程中也提供了一定的支持，调查结果表明，所有区县都采用了专家讲座和学校展示现场会的形式，部分区县还采用了一对一指导的形式，以及分组指导、专题研发的形式。

调查结果表明，在学校进行课程建设的过程中，所有学校都借助了本校教师的支持；85.25% 的九年一贯制学校借助了高校（或科研机构）专家的支持；45.90% 的学校借助了家长的支持；80.33% 的学校借助了教研员的支持；还有 26.23% 的学校借助了其他类型的支持，其中绝大部分都是社会资源。

在调查九年一贯制学校中，有 80.33% 的学校提出了其课程目标。其中，26.23% 的学校明确了要建立的课程体系；3.28% 的学校尚在构建课程体系的过程中；8.20% 的学校在近两年对课程目标有调整。在所提到的课程目标里，大部分学校都较为强调学生的全面发展、多样性和自主性。62.30% 的学校有义务教育三级课程整体建设方案，这些方案主要呈现整体性的特点，较为注重九年的衔接，分阶段实施。

2. 课程设置

在所有学校中有 42.62% 的学校进行了长短课时的调整，短课时的调整多为阅读课、学科实践活动课等，长课时的调整多为写作课、社团活动课等。

在学校综合实践活动课程的设置上，所有学校均达到了在新课程计划中占 10% 的要求，96.60% 的学生很喜欢学校组织的综合实践活动。学校开展综合实践活动的主要形式为各类社团活动，参观博物馆、纪念馆、展览馆，读书、演讲，以及参加社会公益志愿活动。大部分学生认为，这些活动能拓宽视野、学以致用，提高合作能力；但同时也有一部分学生认为，有些综合课程缺乏创意，实用性不强，而且学校所给出的选择偏少，学生们对这些课程的兴趣不高。84.95%的学生表示学校有与自身兴趣爱好相关的课程或社团，而他们在小学阶段时，学校提供了这些课程和社团的只有64.46%。

在学科整合方面，80.33%的学校表示已经实现或尝试了学科内整合，大多数采用的方式是在综合实践活动中整合学科内的章节或知识点，例如主题教学等形式。同时，62.30%的学校表示已经实现或尝试了学科间整合，大多采用的方式是地方、校本课程与国家课程的整合，或是在综合实践课中用同一主题上多学科的内容。此外，对学生的调查结果显示，82.78%的学生表示学校开设了跨学科的综合课程，他们很有兴趣学习这些课程。通过综合课程的学习，学生开阔了视野，增长了很多平时学不到的知识，很希望学校能够多开设一些跨学科综合课程。

在各学段的课程衔接方面，所调研的一贯制学校中，大部分都有课程衔接的举措。主要形式包括：①在整体上设计学科教学与课程；②中小兼课，共同教研，或实行人员流动；③进行专项的课题研究。

3. 课程资源

各学校开设课程的任课老师主体上均为本校教师，在调查中的学校都聘请了社会机构的教师作为辅助，同时分别有31.15%和3.28%的学校会利用家长和学生授课的方式，此外，还有学校利用高校、科研院所、校际聘任等方式丰富任课老师的队伍。

四、学校管理

在北京市考试招生制度改革背景下，各区县的初中整体发展目标和政策均有所调整，包括弱化升学、关注学生的全面发展与实际获得，加大专项资金投入与师资调配力度，提升初中教育品质。学校在管理方面的调整主要体现在课程管理、学段的整合与衔接上。

1. 资源建设与调配

在各区县中，与学校合作的社会资源单位（市级资源单位除外）最多的有 99 家，最少的 0 家，类型多样，包括中小学生社会大课堂实践基地、高校、科研院所、博物馆、科技馆、展览馆、纪念馆、企业、社会团体等，其中超过一半的区县都与中小学生社会大课堂实践基地有区级层面的合作。

在各区县中，初中开放性科学实践活动基地最多的有 34 家，最少的 0 家，这些基地中有 93.21% 为固定基地；活动项目最多的区县有 79 个，最少的 0 个，平均每个基地提供 2.34 个项目。但 26 所学校中只有 3 所，占 11.54%，是开放性科学实践活动基地。

九年一贯制学校在小学段与初中段之间，配置及共享的教育资源的方式主要是统一管理、统一调配、统一使用。81.97% 的学校在小学段与初中段之间，存在教师流动，近两年平均每年教师流动数量最多的学校有 30 人，最少的有 2 人，年均流动 4 ~ 6 人的占比 47.54%。最主要的流动方式是跨学段任课，但形成制度的学校非常少。所有学校都不同程度地为学生的个性化发展提供了指导教师、设备器材等资源。

2. 学校文化建设

各区县在支持学校文化建设方面常见的举措有：经费保障、学习培训、专家指导、典型引领、以评促建等。

近两年内，16.39% 的学校调整了学校的办学理念，8.20% 的学校调整了学校的育人目标。在对学校文化建设作用的认识上，所有学校都认为有导向激励和凝聚师生人心的作用；96.72%的学校认为它能丰富学校文化底蕴，88.52%的学校认为文化建设有潜移默化的作用，此外，还有学校认为文化建设能彰显学生个性。而学校在文化建设的过程中，着力最多的是环境文化，其次是思想文化，对行为文化和制度文化的关注相对较少。45.90%的学校在文化建设中存在的主要问题是缺乏顶层设计和系统规划；42.62%的学校的主要问题是缺乏以教师为主导的文化建设，校内活动多、对外吸引辐射少；还有34.43%的学校，重视显性文化建设而忽视隐性文化建设。

3. 学生的收获与评价

83.75%的学生对学校管理学生的方式非常满意或满意，不满意和非常不满意的仅占1.55%，改进建议主要集中在：开展更多的活动、改善食堂伙食、多给自由空间等。

83.55%的学生有参加开放性科学实践活动，收获主要体现在能激发兴趣、开阔视野、丰富知识和提升能力，但也有3.23%的学生评价并没有什么收获。对于开放性科学实践活动的建议，学生普遍希望多开展一些此类活动，且这些活动能更多样、更具创意。

87.38%的学生肯定了学校为自己的个性化发展提供了资源，主要包括指导老师、设备器材、场地、图书资料等。仅3.93%的学生认为九年一贯制学校并不具有特别的优势，46.28%的学生觉得最大的优势是因熟悉而更具适应性，不管是对环境还是教学方式。

五、课堂教学

教学是教师的"教"和学生的"学"所组成的一种人才培养活动。通过这种活动，教师有目的、有计划、有组织地引导学生学习和掌握文化科学知识和技能，促进学生素质的提高，使他们成为社会所需要的人。

为提升学校的课堂教学质量，各区县以邀请专家讲座、培训，开展课堂观摩、教学设计展示，加强调研、视导、一对一指导等方式支持学校教学工作的改进与提升。

学校多通过开展分层教学、走班、长短课时调整、教学质量监测、学段间衔接等方式提升教学。随着"深综改"的开展，学校越来越注重学生能力的培养、习惯的养成及个性的发展，同时也更加注重学生的阅读与基础。从数据来看，70.49%的学校采用了分层教学的方式，26.22%的学校采用了走班的方式。对于学校分层教学的方式及程度不同学校各有不同，多数学校是对部分学科的教学、练习、作业进行分层，分层的依据主要是学生的基础及个人意愿、兴趣。对于走班，主要是为了配合学校的分层教学。从学生的反馈来看，学生认为学校开展分层、走班教学使教学更有针对性，能够得到教师更具针对性的帮助与指导，学习更有效，能有效提高学习成绩。对于学校的教学质量监测，采取的形式主要有随堂听课、考试考核、家长反馈、学生反馈以及上级部门监测反馈。同时，九年一贯制学校关注学段间衔接，学校在教研、课程设置、教学内容等方面均有探索与尝试。

第三节 九年一贯制相关研究及实践

一、相关研究及述评

国际上对于一贯制办学成效的研究多是间接性研究，且大多集中在发达国家，如美国，关注由于独立办学，小学和初中在办学目标、课程目标、学生培养、学校管理等方面均存在较大差别[1]，小学升入初中，整体环境的变化对学生学业成绩与社会性等非认知因素方面产生影响，多为实证性研究。

在相关的实证研究中，结果并不相同，如施瓦茨，等（Schwartz et al.）（2011）[2]，罗考夫和洛克伍德（Rockoff and Lockwood）（2010）[3]，斯威德和韦斯特（Schwerdt and West）（2013）[4]，杜伊（Dhuey）（2013）[5]，弘，齐默尔和恩伯格（Hong，Zimmer and Engberg）（2016）[6] 在研究中均发现小学升入初中，升学对学生的学业成绩产生负向影响；贝达德和杜（Bedard and Do）（2005）[7] 发现对其后续的按时完成高中学业产生负向影响。而利波尔德，等（Lippold et al.）（2013）；昆特和贝肯（Gunter and Bakken）（2010）；威斯和基普尼斯（Weiss and Kipnes）（2006）研究发现，这种转变对学业成绩没有影响或积极影响。此外，也有一些文献研究了升学带来的其他影响，如梅志里，菲尔道弗和艾克尔斯（Midgley，Feldaufer and Eccles）（1989）[8] 发现升学会带来师生关系的变化，从而影

---

① 宋世云，张纪元. 九年一贯制办学模式探究 [J]. 中小学校长，2015（6）：4—6，9.

② Schwartz, A. E., Stiefel, L., Rubenstein, R., et al. The Path Not Taken：How Does School Organization Affect Eighth – Grade Achievement [J]. Education Evaluation and Policy Analysis, 2011, 33（3）：293—317.

③ Rockoff, J. E., B. B. Lockwood. Stuck in the Middle：Impacts of Grade Configuration in Public Schools [J]. Journal of Public Economics, 2010, 94（11–12）：1051—1061.

④ Schwerdt, G., M. R. West. The Impact of Alternative Grade Configurations on Student Outcomes through Middle and High School [J]. Journal of Pubic Economics, 2013, 97：308—326.

⑤ Dhuey, Elizabeth. Middle School or Junior High? How Gradelevel Configurations Affect Academic Achievement [J]. Canadian Journal of Economics, 2013, 46（2）：469—496.

⑥ Hong, K., R. Zimmer, J. Engberg. How Does Grade Configuration Impact Student Achievement? Evaluating the Effectiveness of K – 8 Schools. Available at SSRN [EB/OL]. [2021 – 10 – 18]. http：//dx. doi. org/10. 2139/ssrn. 2681232.

⑦ Bedard, K., C. Do. Are Middle Schools More Effective? The Impact of School Structure on Student Outcomes [J]. Journal of Human Resources, 2005, 40（3）：660—682.

⑧ Midgley, C., H. Feldlaufer, J. S. Eccles. Student/teacher Relations and Attitudes toward Mathematics before and after the Transition to Junior High School [J]. Child Development, 1989, 60（4）：981—992.

响学生情感、社会性等方面的发展；艾利亚斯，卡拉和乌布里克（Elias, Gara and Ubriaco）（1985）❶ 研究发现升学进入新的环境会带来新的社会关系，使学生进入高压状态，尤其是对于自我信念不强的学生，过渡期会出现更大的压力；库克，等（Cook et al.）（2008）❷ 还发现由于升学带来的环境变化会导致学生有更多的纪律问题等。

我国关于九年一贯制的研究鲜有从学生视角进行的，更少有实证研究，内容主要集中在理论与实践两个维度。从理论视角看，多为对一贯制办学的理论与实践意义、内涵与特点、优势与不足等方面的探讨；从实践视角看，包括三类：第一类是对中国台湾地区及日本等九年一贯制学校的实施情况及特征进行介绍或比较研究；第二类是对国内教育发达地区，如北京、上海、江苏、山东等省市实施九年一贯制办学经验与问题进行总结；第三类是对九年一贯制的课程设置、教师管理、教育教学衔接、管理模式改革等提出具体策略与建设性意见❸。

从研究方法上看，对于学生视角的实证研究，早年主要利用最小二乘法回归（OLS），或者是利用面板数据，但是最小二乘法回归或者类似的方法，有严重的内生性问题，利用面板数据来解决内生性问题可以去除不随时间变化的遗漏变量误差，但是无法克服随时间变化的遗漏变量误差和反向因果误差，研究方法的更新对于研究有重要的价值。

因此，本书选择学生视角，使用潜在因素模型来识别潜在的非认知和知觉发展，并结合逆倾向评分加权和离散因子近似的方法，分析北京九年一贯制学校对学生认知、非认知和知觉发展的影响。

---

❶ Elias, M. J., M. Gara, et al. Sources of Stress and Support in Children's Transition to Middle School: An Empirical Analysis [J]. Journal of Clinical Child Psychology, 1985, 14 (2): 112—118.

❷ Cook, Philip J., Robert MacCoun, et al. The Negative Impacts of Starting Middle School in Sixth Grade [J]. Journal of Policy Analysis and Management, 2008, 27 (1): 104—121.

❸ 程素萍. 九年一贯制办学改革：现状与对策：基于北京市 D 区 16 所学校的问卷调查 [J]. 天津市教科院学报，2017（1）：49—53.

二、相关实践

在国外没有"九年一贯制学校"的称谓，就目前查阅的文献资料来看，与我国九年一贯制学校比较类似的办学形式主要有：（1）苏联的基础教育分为九年制与十一年制学校两类，前者又被称为不完全中学，其学程包括一到九年级。后者被称为完全中学。完成十一年学程被视为中学毕业。（2）美国在 20 世纪 60 年代曾出现过一种"中间学校"，让小学五年级或六到八年级学生入学，修业三或四年，到 80 年代初，这一类学校已达 6000 余所。（3）德国 70 年代出现的"一体化综合学校"，从一年级到十年级，至 1983 年作为改革模式的综合学校已在德国的 5 个州进行实验。这些距离现在已时代久远，不作详细分析，仅从强调"一贯"的角度着重介绍日本的小中一贯制教育和美国的 P-16 教育。

1. 日本小中一贯制教育的相关理论与实践探索

日本自 1947 年以来一直实施小学、初中分别设置的 6-3 制义务教育制度，这一制度暴露出"初一鸿沟"问题，即小学生升入初中后，在学习和生活方面难以适应的人数明显增加。为了克服 6-3 制带来的问题，日本政府期望通过实施系统化、弹性化的九年一贯制课程、活动，适应学生身体、心理的发展，提升学生的学习兴趣。2000 年，广岛县吴市根据当时文部省颁布的"研究开发学校"制度，开始采用小中一贯制教育。依据 2003 年内阁召开的综合制度改革会议关于"构造改革特区制度"的规定，"小中一贯制教育特区"登上舞台，紧接着东京都品川区、奈良县御所市、熊本县富合町（现熊本市）、宫城县登米市、京都市、奈良市、金沢市、大阪府池田市纷纷成为"小中一贯制教育特区"，小中一贯制教育获得很大发展。根据日本小中一贯制教育全国联络协议会的统计，到 2010 年 1 月，全国范围内有设施一体型小中一贯校 40 所，设施分离型小中一贯校 900 所。

小中一贯制教育的开展对于解决日本某些教育问题具有一定的成效。根据小中一贯制教育全国联络协议会关于"全国小中一贯制教育实施情况"的调查显示，其成效主要表现在以下七个方面：教师意识发生变化、"初一鸿沟"现象得以缓解、学生意识发生变化、学生基本能力得到提升、教育活动共同化、对于学生的指导方法发生变化、各地区的支持方式发生变化。其中，成效第一明显的是教师意识的变化，中学教师通过到小学进行参观交流，更加了解了小学升初中的过程中学生的努力程度，并同小学教师一起研究教学方法，在授课内容、指导方法上加强了联系，通过全体职员的努力，小中一贯制教育指导体系踏出了第一步；成效第二明显的是"初一鸿沟"现象得以缓解，为解决"初一鸿沟"问题，小中一贯制教育提倡通过诸如中学入学体验活动、学生信息交流会、中小学授课方法交流等一系列活动，促进中小学学生间的交流，改善中小学之间相互知之甚少的状况，缓解学生对升学后身边环境变化产生的恐惧感，提升学生对新环境的期待；成效第三明显的是学生意识的变化，学生逐渐学会为自己树立榜样，并严于律己、努力成为他人的榜样，逐渐意识到要关照他人并积极自省，学生对升学的恐惧心理逐渐淡化能以平静的心态面对升学，且在学校的倡导下参加各种文化活动聚会，进而有更多机会接触中学生活。

2. 美国 P－16 教育的相关理论与实践探索

16 年一贯教育即 P－16 教育（P－16 Education），是最近几年在美国"流行"的一种教育理念和正在实施的一种教育模式。"P－16"（P 代表 pre－kindergarten 或 preschool）是从学前教育到大学全部 16 个年级即整个教育体系的简称。它的基本内涵是：学生从学前到大学毕业的整个 16 年学习生涯是一个以学生为中心的、全面而完整的系统。P－16 教育关注学生在不同学习阶段之间的联系而不是各阶段内部孤立的情况，即它强调学生学习的连续性。

P-16 教育体系寻求通过不同层次的教育之间的合作和协调来改善学生的流动及提高学生的学习成绩，其根本目标是让所有美国公民在新的经济时代过上富有成效的生活，以及对民主社会的生活负责。为了达到目标，还设置了一系列具体的标准，①学前教育：儿童要进入幼儿园做好学习的准备，包括生理、心理、社会等各方面的准备；②1 年级结束时，所有学生都要做好进入下一个年级学习的准备；③3 年级结束时，所有学生在读写方面达到基本熟练；④8 年级结束时，所有学生对写作、科学和数学的学习达到相对熟练水平；⑤12 年级结束时，所有学生准备进入中学后教育阶段，或者选择就业；⑥12~13 年级：高中毕业考试要与大学入学考试相统一；⑦13 年级：进入到后中学教育阶段的学生立志为大学学习做好准备；⑧14~16 年级：完成后中学教育阶段的所有学习任务。

美国教育委员会（the Education Commission of the States，ECS）在 2006 年 6 月的报告指出，全美已经有 30 个州正式加入了 P-16 教育行动，并取得了相应的进展。P-16 教育的成效表现在：经历了整个这种教育体系的学生和得到学位的学生都会从中获益；能培养出经历良好训练和具有高水平技能的劳动力，他们有通过高收入从而提高国家税收的潜能；学生学习效果的提升有助于减少需要补习的大学生的数量以及降低辍学率；该体系的实施还有助于降低依靠福利的人数比例、减少犯罪等。

综上所述，不管是日本一体型、分离型小中一贯校的实践，还是美国 16 年一贯教育的探索，都能为我们九年一贯制教育的发展提供参考与借鉴。

第四节　分析框架与模型

一、认知、非认知和知觉发展的测量系统

潜因子分析能够有效减少维度，并有助于容纳潜在的测量误差。在对学生的认知、非认知和知觉发展进行测量的分析中，运用潜因子分析从 27 个观察项中确定 6 个潜在因子。对于每个潜在因子 θ_k，有以下测量系统：

$$Y_k^l = f_k^l + g_k^l \theta_k + \varepsilon_k^l, \tag{4.1}$$

其中，Y_k^l 是第 k 个潜在因子 θ_k 的第 l 个观测指标，$l = 1, \cdots, L$，$k = 1, \cdots, K$；f_k^l 是截距，g_k^l 是 Y_k^l 中潜在因子 θ_k 的因子载荷；ε_k^l 是误差项。通过对潜在因素模型的标准假设安德森和鲁宾（Anderson and Rubin），1956❶；穆森（Muthen），1983❷），我们不仅确定了因子载荷 g_k^l，而且还确定了潜在因子的联合分布 $\{\theta_1, \cdots, \theta_k\}$，$\theta_k$ 表示认知、非认知和感知发展的 6 个潜在因子。

二、分析框架与潜在内生性

用产出方程描述学生发展、学业成绩和升学状况的决定因素。θ_{ik} 表示学生 i 的认知、非认知和感知发展的第 k 个度量。

---

❶ Anderson, T. W. , Herman Rubin. Statistical Inference in Factor Analysis. In：Neyman, Jerzy (Ed.), Proceedings of the Third Berkeley Symposium on Mathematical Statistics and Probability ［M］. Vol. 5. Berkeley：University of California Press, 1956.

❷ Muthen, Bengt. Latent Variable Structural Equation Modeling with Categorical Data ［J］. Journal of Econometrics, 1983, 22 (1－2)：43—65.

$$\theta_{ik} = a_{1k}X_i + b_kA_i + c_{1k}M_i + r_{1k}Z_i + V_{ik}^1 + e_{ik}^1, \qquad (4.2)$$

其中，X_i 是学生背景特征向量；A_i 是初中入学后第一次考试的自我报告成绩，如果排名前三分之一，则 $A_i = 1$，否则为 0；M_i 是升学状况的一个指标。如果学生从其他小学升入九年一贯学校，则 $M_i = 1$，如果为连续就读的则为 0。Z_i 是学校特征向量；V_{ik}^1 是第 k 个潜在因子的不可观察决定因素；e_{ik}^1 是与 X_i，A_i，M_i，Z_i 和 V_{ik}^1 无关的随机误差；a_{1k}，b_k，c_{1k} 和 r_{1k} 分别是 X_i，A_i，M_i 和 Z_i 的系数。

进入中学后第一次考试的自述成绩（A_i）由以下潜在指标函数确定：

$$A_i = \begin{cases} 1 & if A_i^* > 0 \\ 0 & if A_i^* \le 0 \end{cases} \qquad (4.3)$$

$$A_i^* = a_2X_i + c_2M_i + r_2Z_i + V_i^2 + e_i^2, \qquad (4.4)$$

其中，A_i^* 是衡量学生 i 在初中入学第一次考试中表现的潜在指标；V_i^2 是 A_i^* 的不可观察决定因素。假设随机误差 e_i^2 服从 logistic 分布，a_2，c_2 和 r_2 分别是 X_i，M_i 和 Z_i 的系数。

学生的升学状况（M_i）由以下潜在指标函数确定：

$$M_i = \begin{cases} 1 & if M_i^* > 0 \\ 0 & if M_i^* \le 0 \end{cases} \qquad (4.5)$$

$$M_i^* = a_3X_i + r_3Z_i + V_i^3 + e_i^3, \qquad (4.6)$$

其中，M_i^* 是衡量学生 i 升学状况的潜在指标；V_i^3 是 M_i^* 的不可观察决定因素。假设随机误差 e_i^3 服从 logistic 分布，a_3 和 r_3 分别是 X_i 和 Z_i 的系数。

我们不观察 V_i^1，V_i^2，V_i^3。但是如果它们是相关的，我们就遗漏了方程（4.2）中 A_i 和 M_i 的系数和方程（4.4）中 M_i 的系数的变量偏差。如果在分析中不进行控制，则方程（4.2）和（4.4）中 A_i 和 M_i 的系数就仅显示相关性，而不是与学业成绩、升学状况和学生发展相关的因果关系。

三、逆倾向评分加权和离散因子近似

为了控制潜在的内生性，我们考虑了内生变量间不可观察的异质性的任意相关。通过将逆倾向评分加权（IPSW），希拉诺（Hirano，2003）[1] 和离散因子近似，姆罗兹（Mroz，1999[2]）相结合，对这种不可观察的异质性进行建模。

在众多的倾向性评分的方法中，我们采用希拉诺和因本斯（Imbens）（2001）采用的方法，该方法结合了希拉诺（2003）等人的 IPSW 方法和回归调整法。IPSW 方法被广泛用于解决由于自我选择而导致的内生性问题，但它只能控制与观察变量相关的常见的不可观察的异质性，如学生背景特征。我们使用离散因子近似来识别 V_i^1，V_i^2 和 V_i^3 中不可观察的常见的聚类，它们与观测到的学生背景不相关。

通过加权最大似然估计，从方程（4.2），（4.3）和（4.4）中，可以得到，升学（从其他小学升入九年一贯制学校）对学生认知、非认知和知觉发展的总影响（c）为：

$$c = \frac{\partial \ \theta_{ik}}{\partial \ M_i} = \frac{\partial \ \theta_{ik}}{\partial \ M_i} + \frac{\partial \ \theta_{ik}}{\partial \ A_i} \frac{\partial \ A_i}{\partial \ M_i} = c_{ik} + c_{0k}, \tag{4.7}$$

其中，c_{ik}［方程（4.2）］是升学（从其他小学升入九年一贯制学校）对学生发展的直接影响；c_{0k} 是通过第一次考试排名反映的升学对学生发展的间接影响，从方程（4.1），（4.3）和（4.4）中，可以得到间接影响为：

[1] Hirano, Keisuke, Guido W. Imbens, Geert Ridder. Efficient Estimation of Average Treatment Effect Using the Estimated Propensity Score ［J］. Econometrica, 2003, 71（4）：1161—1189.

[2] Mroz, T. A. Discrete Factor Approximation in Simultaneous Equation Models：Estimating the Impact of a Dummy Endogenous Variable on a Continuous Outcome ［J］. Journal of Econometrics, 1999, 92（2）：233—274.

$$c_{0k} = \frac{\partial\ \theta_{ik}}{\partial\ A_i} \frac{\partial\ A_i}{\partial\ M_i}$$

$$= b_k c_2 \frac{\exp(a_2 X_i + c_2 M_i + r_2 Z_i + t_2(X_i - \overline{X})M_i + d_2 v_i + u_i^2)}{(1 + \exp(a_2 X_i + c_2 M_i + r_2 Z_i + t_2(X_i - \overline{X})M_i + d_2 v_i + u_i^2))^2} \quad (4.8)$$

直接影响（和其他系数）通过方程（4.1）～（4.6）联合的最大似然估计可以获得，通过方程（4.7）和（4.8）得到间接效应和总效应。逆倾向评分加权和离散因子近似联合的方法解决了潜在混淆的问题，使结果更接近因果关系。

第五节　实证分析

本书提出了实证模型，描述学生认知、非认知和知觉发展、初中入学后第一次考试成绩以及升学状况之间的关系，分析升学状况对于学生认知、非认知和知觉发展带来的影响。

一、背景及数据来源

本书的数据来自一次对于北京市九年一贯制学校的随机抽样调查，对象为八年级学生，其他数据来自北京市教委的相关行政统计数据。北京市九年一贯制学校的一年级按照就近入学的原则进行招生，七年级的学生，一部分来源于本学校，另一部分来源于学校所在区域其他小学的毕业生。本次调查共涉及 61 所学校、6260 名学生，其中初中转入学生 3490 人，连续就读学生 2770 人。

二、描述性统计分析

对 6260 名学生的背景信息进行描述性统计分析，见表 4-1。在学生的背景方面，初中转入的学生中男生比例为 48.6%，连续就读的为52.0%，拥有学龄兄弟姐妹的数量初中转入的学生略高于连续就读学生，而对于父母学历、职业、家庭财务、个人拥有电脑等状况，初中转入学生的状况均好于连续就读学生；在学校背景方面，对于班额、生师比、教师学历、教龄等，两组学生也是有差别的，尽管对于某些指标而言，差异并不大，但总体来说初中转入学生与连续就读学生在学生特征和学校特征上都存在显著差异。两组学生在背景特征上存在差异，因此利用普通的最小二乘（OLS）回归模型进行分析，结果很可能会有偏差。

表 4-1　描述性统计

统计量	总计 (1)	初中转入 (2)	连续就读 (3)	(2)-(3) (4)
学生信息				
男生比例	0.501	0.486	0.520	-0.034***
学龄兄弟姐妹的数量	0.265 (0.615)	0.285 (0.615)	0.240 (0.548)	0.045***
父亲本科及以上学历	0.362	0.392	0.323	0.069***
母亲本科及以上学历	0.349	0.375	0.317	0.058***
父亲普通职员或务农比例	0.320	0.297	0.349	-0.052***
母亲普通职员或务农比例	0.411	0.384	0.444	-0.06***
家庭财务超过均值的比例	0.565	0.578	0.549	0.029**
个人拥有电脑的比例	0.838	0.872	0.795	0.077***
初中第一次考试排名在前三分之一的比例	0.388	0.384	0.395	-0.011

续表

统计量	总计 (1)	初中转入 (2)	连续就读 (3)	(2)-(3) (4)
学校信息				
城市学校	0.586	0.678	0.471	0.207 ***
建校历史（截至2010）	27.71 (50.76)	28.74 (57.82)	26.41 (40.11)	2.33 *
平均班额	37.27 (24.15)	38.23 (25.98)	36.05 (21.58)	2.18 ***
生师比	0.105 (0.041)	0.099 (0.037)	0.112 (0.045)	-0.013 ***
具有高一级学历的教师比例	0.192 (0.096)	0.182 (0.081)	0.206 (0.111)	-0.024 ***
本科及以上学历的教师比例	0.922 (0.122)	0.915 (0.119)	0.931 (0.126)	-0.016 ***
教师平均年龄	36.71 (2.776)	36.37 (2.569)	37.14 (2.961)	-0.77 ***
教师平均教龄	14.30 (3.819)	13.77 (3.906)	14.97 (3.598)	-1.2 ***
样本量	6260	3490	2770	6260

注：连续变量的标准差在括号内，* 、** 和 *** 分别表示在10%、5%和1%的水平上显著

对初中转入学生与连续就读学生在认知、非认知和知觉发展指标方面进行分析，指标主要包括自我报告成就、行为和态度。其中，自我报告成就用二元变量，行为和态度用虚拟变量。从结果来看，在自我报告的成就改善方面连续就读学生略好于初中转入的学生，但没有显著性差异；而初中转入学生与连续就读学生在一些行为和态度结果上存在差异，见表4-2，例如学生对所就读学校的感觉和在同学中的受欢迎程度。

表 4 - 2　认知、非认知和知觉发展指标

统计量	总计 (1)	初中转入 (2)	连续就读 (3)	(2) - (3) (4)
自我报告成就				
身体素质进步	0.938	0.935	0.940	- 0.005
社会适应能力提升	0.956	0.956	0.957	- 0.001
学习成绩提高	0.800	0.798	0.802	- 0.003
行为和态度（部分，共 24 项）				
喜欢学校	0.878	0.868	0.890	- 0.022 ***
学校好	0.633	0.648	0.614	0.034 ***
很少说谎	0.810	0.818	0.800	0.018 *
同学喜欢我	0.555	0.539	0.574	- 0.035 ***
有学习计划	0.320	0.304	0.341	- 0.037 ***
经常复习	0.362	0.371	0.350	0.021 *
样本量	6260	3490	2770	6260

注：连续变量的标准差在括号内，* 和 *** 分别表示在 10% 和 1% 的水平上显著

三、实证结果

1. 潜在的认知、非认知和知觉发展

利用探索性因素分析（EFA）评估认知、非认知和知觉发展，从观察到的 24 个行为和态度观察项中产生了 5 个潜在的行为和态度因子，分别是：对学校的总体评价（标注为学校）、教师的责任感和关注度（教师）、在同伴中的受欢迎程度（同伴）、自信心（自我）和学习习惯（学习）。此外，还根据身体素质进步、社会适应能力提升、学习成绩提高三项的自我报告得到了第 6 个潜在因子即整体改善（改善）。学校和教师是关于知觉发展的，同伴和自我主要是从非认知的角度来衡量个人的发展，学习和

提高反映认知和非认知的发展。由表 4 – 3 可见，由其他学校升入九年一贯制学校的学生对学校的总体评价较低，在同伴中受欢迎程度较低，整体改善上进步也比较小。

表 4 – 3　探索性因素分析

统计量	总计 (1)	初中转入 (2)	连续就读 (3)	(2) – (3) (4)
对学校的总体评价	– 0.005 (0.811)	– 0.028 (0.814)	0.023 (0.806)	– 0.051 **
教师的责任感和关注度	0.864 (0.781)	0.867 (0.786)	0.860 (0.775)	0.007
在同伴中的受欢迎程度	0.943 (0.902)	0.921 (0.898)	0.972 (0.906)	– 0.051 **
自信心	0.742 (0.965)	0.749 (0.961)	0.733 (0.970)	0.016
学习习惯	– 0.006 (0.976)	0.000 (0.975)	– 0.013 (0.977)	0.013
整体改善	0.657 (0.781)	0.639 (0.780)	0.679 (0.781)	– 0.040 **
样本量	6260	3490	2770	6260

注：括号内为标准差，** 表示在 5% 的水平上显著

2. 直接和间接影响

从初中转入对学生认知、非认知和感知发展的 6 个潜在因子的总体影响来看，对学生在身体素质、社会适应能力、学习成绩方面的整体进步；学校总体评价；在同伴中的受欢迎程度；自信心有显著的影响，分别为 – 0.111， – 0.078， – 0.070 和 – 0.067。对教师的责任感和关注度、学习习惯没有显著影响，如图 4 – 1 所示。

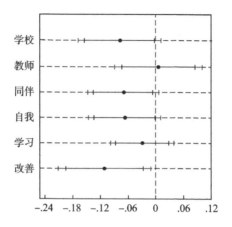

图 4 - 1　初中转入对认知、非认知和知觉发展的总体影响

（注：内部和外部垂直条分别表示 90% 和 95% 置信区间）

　　对于总体影响进行分解，对学校的总体评价，无论是直接影响还是间接影响都没有统计学意义；对于教师的责任感和关注度，只有间接影响具有统计学意义，直接影响不显著，并且有积极的迹象，导致教师责任总体上不显著；初中转入并没有直接影响在同伴中的受欢迎程度，但显著的负向间接影响（-0.010）表明，转入学生的受欢迎程度会因第一次考试表现相对较低而降低；同样我们也发现初中转入对自信有显著的间接影响（-0.022），但并不会直接影响学生的自信心；初中转入对学习习惯有间接影响且显著（-0.012），而这与转入后第一次考试的成绩有关；最后，对于整体改善，有显著的直接影响，但不显著的间接影响，见表4 -4。

表4 -4　初中转入对认知、非认知和知觉发展的直接和间接影响

统计量	不控制内生性	采用逆倾向评分加权和离散因子近似
初中第一次考试成绩	-0.014 (0.012)	-0.026 * (0.014)
对学校的总体评价		
直接影响	-0.082 ** (0.038)	-0.075 (0.046)

续表

统计量	不控制内生性	采用逆倾向评分加权和离散因子近似
间接影响	−0.002 (0.002)	−0.003 (0.002)
总影响	−0.084 ** (0.038)	−0.078 * (0.046)
教师的责任感和关注度		
直接影响	−0.027 (0.039)	0.011 (0.048)
间接影响	−0.003 (0.002)	−0.005 * (0.003)
总影响	−0.030 (0.039)	0.006 (0.048)
在同伴中的受欢迎程度		
直接影响	−0.091 *** (0.033)	−0.060 (0.039)
间接影响	−0.005 (0.004)	−0.010 * (0.005)
总影响	−0.096 *** (0.034)	−0.070 * (0.039)
自信心		
直接影响	−0.035 (0.032)	−0.046 (0.038)
间接影响	−0.012 (0.010)	−0.022 * (0.012)
总影响	−0.046 (0.034)	−0.067 * (0.040)
学习习惯		
直接影响	−0.046 (0.030)	−0.018 (0.034)
间接影响	−0.007 (0.006)	−0.012 * (0.006)

统计量	不控制内生性	采用逆倾向评分加权和离散因子近似
总影响	− 0.053 * （0.030）	− 0.029 （0.035）
整体改善		
直接影响	− 0.093 ** （0.042）	− 0.109 ** （0.051）
间接影响	− 0.001 （0.001）	− 0.002 （0.002）
总影响	− 0.095 ** （0.042）	− 0.111 ** （0.051）

注：内部和外部垂直条分别表示 90% 和 95% 置信区间

四、结论

本书选择学生视角，使用潜在因素模型并结合逆倾向评分加权和离散因子近似的方法，分析北京九年一贯制学校对学生认知、非认知和知觉发展的影响。主要发现与已有研究的结果一致，初中转入对第一次考试成绩有负向影响，转入学生与连续就读学生有所不同，在健康、社会适应和学习成绩方面总体改善较小；对学校的总体评价较低；很难建立自信和受到同伴的欢迎。初中转入对于学生发展产生的影响，只有部分可以用初中转入后第一次考试成绩下降来进行解释，而这种影响由于维度之间的相互作用，可能对学生学业成绩产生持续的影响。

办学模式是学者和教育政策制定者都关注的话题。小学、初中独立办学还是采取九年一贯制的办学模式，仍在不断地研究、实践。本书只针对初中学生，并不清楚小学段的学生是否会在一贯制办学中受益，因此仍需进一步完善，才能对相关政策的制定提供更有效的支持。

第五章 基于人口演化模型的
教育发展政策评估

简单时间序列设计，是政策评估设计中的一种。这种评估设计适用于评估前可以获得大量的政策前测试，根据政策前数据采用回归或是其他统计技术进行预测，得出若无政策实施的数据。将政策实施后的实际数据与预测数据进行对比，或者是将政策目标数据与预测数据进行对比，来评估政策效果或者是政策目标的科学性。

学龄人口是重要的教育发展影响因素，本章重点介绍人口演化预测模型，以此为基础进行学龄人口预测、教育规模预测等，并结合预测结果对政策目标的科学性、准确性进行评估，提出政策调整建议。

第一节 高等教育发展政策制定的
模型分析及其对中国的实证

高等教育是在完成中等教育的基础上进行的专业教育和职业教育，是培养高级专门人才和职业人员的主要社会活动，是教育系统中相互关联的各个重要组成部分之一。20世纪后半叶，随着社会对高级专门人才需求的迅速增长以及个人对接受高等教育就学机会的迫切需要，使高等教育以前所未有的速度发展，从精英教育走向普及化教育。

一、研究背景及综述

近年来，我国高等教育取得了长足的进展。从1999年提出《面向21世纪教育振兴行动计划》开始大面积扩招，至2002年底，全国共有高等学校2003所……毛入学率达到15%，进入了国际公认的高等教育大众化教育阶段❶，在后续几年中，高等教育毛入学率以每年两个百分点的速度递增。这些情况表明，高等教育的规模发展及在此进程中遇到的问题已经成为我国教育界关注的重点问题之一，因此，很多学者对此进行了研究，这些研究关注的重点在于3个指标：①学龄人口。例如，高书国等人分析了21世纪上半叶学龄人口数量的变动趋势，发现未来40年间我国高等教育学龄人口有较大的波动，2003—2014年有一次高峰，峰值在2008年达到❷；叶欣茹等人讨论了2000—2020年我国高等教育学龄人口变动，在不考虑死亡、迁入、迁出的情况下，高等教育学龄人口亦在2008年达到最大值，然后减少到2020年有所回升❸。②在校生人数。例如，石人炳在对各级教育阶段学龄人口预测的基础上，运用队列构成法对2000—2020年各级教育阶段在校生人数进行了测算，得出高等教育在校生不断增加的结论❹。

---

❶ 中国教育改革与发展情况 [EB/OL]. (2019 - 04 - 30), https://wenku. so. com/d/2297fb7562f069418d0f3bc50a002e3.

❷ 高书国. 21世纪初中国高等教育大众化水平预测与分析 [J]. 教育发展研究, 2002 (4): 64—68.

❸ 叶欣茹. 未来中国高等教育在校生总规模预测 [J]. 高教探索, 2005 (4): 17—19.

❹ 石人炳. 2000—2020年我国各级教育需求预测及建议 [J]. 南方人口, 2004 (2): 13—20.

③毛入学率。中国教育人力资源报告组按高校招生年增长率 3% ~ 4% 测算，2010 年毛入学率达到 23%❶。

这些研究对于我国制定教育决策具有较大的参考价值，但也存在以下不足。（1）仅对高等教育学龄人口、教育规模、毛入学率进行了数字预测，但没有对三者关系进行深入的讨论，发现其发展中相互制约的关系。（2）多数研究能够以高等教育学龄人口预测作为高等教育发展预测的基础，但在人口预测中很少考虑人口生育、死亡，仅将现在各年龄人口简单地平移或是随着时间推移各年龄人口等数量减少，这些预测并不十分准确。（3）大部分研究选取较近年份为基年，以之前高等教育发展的规律或人为确定增长速度，来预测未来年份高等教育的发展，但是都没有以教育部门制定的高等教育发展目标为导向进行预测，这样无法起到对现有政策进行预测评估的作用，使预测失去了一定的执行参考价值，

因此，本研究首先对高等教育学龄人口、教育规模、毛入学率的关系进行了数理推导与讨论，得出高等教育发展的速度下限；并以人口演化离散模型为基础，结合 2000 年第五次人口普查的数据、教育部门制定的 2020 年教育发展目标，对 2006—2020 年我国高等教育的学龄人口、教育规模和毛入学率进行测算，评估现行教育政策，给出了高等教育可行的发展方案。

二、理想状况下高等教育发展最低速度模型

高等教育学龄人口（N_t）、教育规模（M_t）、毛入学率（K_t）是常用来考察高等教育发展的 3 个关键指标，这 3 个指标分别反映了对高等教育的

---

❶　中国教育与人力资源问题报告课题组. 从人口大国迈向人力资源强国［M］. 北京：北京高等教育出版社，2003.

需求、高等教育的供给，以及高等教育的可得性，即需求满足的程度。

这3个指标存在一个简单的关系，即：高等教育毛入学率 = 高等教育规模/高等教育学龄人口，即：

$$K_t = \frac{M_t}{N_t} \qquad\qquad (5.1)$$

我们定义 α_t、β_t、γ_t 分别为高等教育毛入学率、教育规模、学龄人口的变化率，通过分析可以知道，这三者之间存在一种制约关系：

$$(\beta_t + 1) = (\alpha_t + 1)(\gamma_t + 1) \qquad\qquad (5.2)$$

当 α_t、β_t、γ_t 都比较小时，有近似表达式：

$$\beta_t \approx \alpha_t + \gamma_t \qquad\qquad (5.3)$$

由式（5.2）及式（5.3），可知：高等教育发展过程中教育规模的变化率近似等于学龄人口与毛入学率变化率之和，即学龄人口、教育规模、毛入学率的变化率之间存在相互制约的关系。

此处我们定义一个高等教育发展的理想状况。要解释高等教育的发展，可从教育供给和需求两个角度来考虑。首先，从教育供给，即学校的角度看，高等教育规模发生变化会对社会劳动力的受教育程度产生影响，所以学校希望高等教育规模应逐年增加或保持不变，从而提供更多的高学历劳动力；其次，从教育需求，即学龄人口的角度看，学生希望可获得高等教育的机会不会减少，即毛入学率逐年增加或保持不变。所以高等教育发展的理想状况为：毛入学率与教育规模不减，即存在限制条件 $\alpha_t \geq 0$ 与 $\beta_t \geq 0$。那么，在此限制条件下，由人口变化的特点决定了高等教育的发展速度存在下限，速度取下限时的发展方式为：当学龄人口增长即 $\gamma_t \geq 0$ 时，$\alpha_t = 0$；$\beta_t = \gamma_t \geq 0$；当学龄人口减少即 $\gamma_t < 0$ 时，$\beta_t = 0$；$\alpha_t = \frac{-\gamma_t}{\gamma_t + 1} > 0$。

三、人口演化离散模型

要想预测高等教育的规模，首先应对高等教育阶段的学龄人口数进行预测。我们采用宋健等人提出的向量形式的人口演化离散模型[1]：

$$X_{t+1} = A(t)X_t + B(t)X_t \qquad (5.4)$$

$X_t = \begin{bmatrix} X_0(t) \\ \vdots \\ X_m(t) \end{bmatrix}$ 年代有年龄结构的总人口数量矩阵，其中 $x_m(t)$ 为该年

年龄为 m 的人口数；$A(t) = \begin{bmatrix} 0 & 0 & \cdots & 0 \\ 1-\mu_0(t) & 0 & \cdots & 0 \\ 0 & \ddots & \ddots & 0 \\ 0 & \cdots & 1-\mu_{m-1}(t) & 0 \end{bmatrix}$ 为 t 年到 $t+1$

年的人口状态转移矩阵，其中 $\mu_m(t)$ 为该年年龄为 m 的人口死亡率；

$B(t) = \begin{bmatrix} \gamma_0(t) & \cdots & \gamma_m(t) \\ 0 & \ddots & 0 \\ 0 & \cdots & 0 \end{bmatrix}$ 为 t 年妇女的生育矩阵，其中 $\gamma_m(t) =$

$\beta_m(t)\theta_m(t)$，$\beta_m(t)$ 为该年年龄为 m 妇女的生育率，$\theta_m(t)$ 为该年年龄为 m 的妇女占总人口的比例。可见，模型的前部分 $A(t)X_t$ 表示已有人口的状态转移，后部分 $B(t)X_t$ 表示新增人口。该模型在当今自然条件、社会条件下能够较合理地反映人类繁衍的机制，且所需基年的数据较容易获得，只要对其中参数，包括各年龄人口的死亡率、妇女的生育率、妇女的比例进行比较准确的预测，该模型就能够相对准确地预测我国未来年份带有年龄结构的总人口数。

[1]　宋健，于景元. 人口控制论［M］. 北京：科学出版社，1985.

四、实证分析

1. 2006—2020 年高等教育学龄人口

我们假定：①讨论封闭系统：即忽略人口在国家间的迁移现象；②人口死亡率、妇女比率、生育率稳定：由于我国人口结构较稳定，所以在预测中这三个参量维持 2000 年的水平不变动。

高等教育学龄段采取国际通行的 18~22 岁，以 2000 年人口普查数据为基年数据❶，利用人口演化离散模型，结合 Mathematica 软件对 2006—2020 年中国高等教育学龄人口进行测算，结果如图 5 - 1 所示。

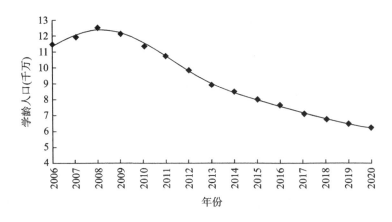

图 5 - 1　2006—2020 年高等教育学龄人口

由图可见，高等教育阶段学龄人口变化趋势可以分为两个阶段：2006—2008 年学龄人口扩张，增长涨幅达到 9.14%；2008—2020 年学龄人口急剧减少，减少幅度超过 50%，到 2020 年高等教育学龄人口刚过

❶　国务院人口普查办公室，国家统计局人口和社会科技统计司. 中国 2000 年人口普查资料 [M]. 北京：中国统计出版社，2002.

6000万。我国高等教育学龄人口数之所以会呈现此趋势，主要是受第三次人口出生高峰（1981—1990）的影响。第三次人口高峰出生的儿童随着时间的推移进入高等教育阶段，使高等教育学龄人口产生较大波动，给高等教育带来了较大的冲击。

2. 2006—2020 年高等教育规模及毛入学率

2006—2008 年为高等教育学龄人口增加阶段，2008—2020 年为高等教育学龄人口减少阶段。在满足高等教育规模和毛入学率不减约束条件下，高等教育发展速度取下限时的发展方式为：

2006—2008 年：$\gamma_t > 0$，$\alpha_t = 0$，$\beta_t = \gamma_t > 0$

2008—2020 年：$\gamma_t < 0$，$\beta_t = 0$，$\alpha_t = \dfrac{-\gamma_t}{\gamma_t + 1} > 0$

结合人口预测得到的高等教育学龄人口数据及 2005 年我国高等教育的毛入学率，计算可得理想状况下（教育规模、毛入学率同时不减），2020 年我国高等教育发展的速度下限是毛入学率达到 41.84%，如图 5 - 2 所示。

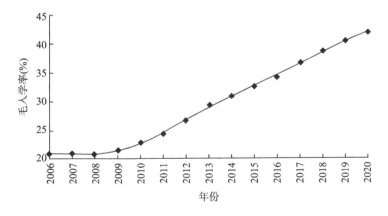

图 5 - 2　2006—2020 年高等教育毛入学率（发展速度下限）

五、政策调整建议

在前文我们已经证明：按其他的任何理想方式发展，都会超过该速度下限。因此，高等教育要保持教育规模、毛入学率同时不减，2020 年毛入学率一定会超过 40%，即超过教育部制定的预期目标。若要以 2020 年高等教育毛入学率 40% 为目标，由于小于理想状况下发展速度下限，所以在发展过程中无法保证高等教育规模、毛入学率同时不减，只可选择不同的发展方式保持高等教育规模、毛入学率持续增长，同时没有大的波动。因此，我们要对非理想状况下三个指标之间的制约关系进行分析。

我们采用高等教育规模等比例变化、高等教育毛入学率等比例变化两种方案对 2006—2020 年高等教育毛入学率、规模进行测算。选取 2005 年为基年，2020 年为目标年，由高等教育学龄人口的测算知道基年和目标年的学龄人口分别约为 10.9 亿人和 6266 万人；高等教育毛入学率分别为 21% 和 40%；计算可得高等教育规模分别约为 2289 万人和 2506 万人。

1. 高等教育规模等比例变化

由 2005 年和 2020 年高等教育的规模可得高等教育规模年增长率为 0.55%。2006—2020 年高等教育规模、毛入学率的变化如图 5 - 3 所示。

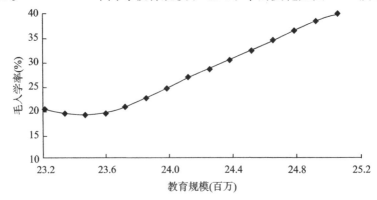

图 5 - 3　（2006 - 2020 年）高等教育毛入学率（规模等比例变化）

2. 教育毛入学率等比例变化

由 2005 年和 2020 年高等教育的毛入学率可得高等教育毛入学率年增长率为 4.39%。2006—2020 年高等教育规模、毛入学率变化如图 5 - 4 所示。

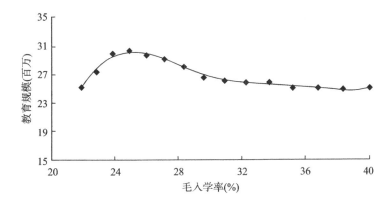

图 5 - 4　（2006 - 2020 年）高等教育规模（毛入学率等比变化）

高等教育规模等比例变化时，毛入学率虽然前三年有小幅度减少，减少幅度约为 7.4%，但后期呈总体上升趋势，所以从教育供给和需求两方面都比较容易接受；高等教育毛入学率等比例变化时，教育规模前期有一定的波动，但后期平稳，所以只要进行合理的规划以免在前期高等教育规模扩张的时候造成教师、设备等资源配备不足，而到教育规模缩小时又出现教育资源的闲置，从而使教育资源配置无效，亦为可行方案。

可见制定高等教育目标时应从高等教育学龄人口、高等教育规模、高等教育毛入学率三方面综合考虑，充分考虑到三者之间的制约关系。

第二节　拓展应用：教育规模及人力资本预测分析

教育与劳动力市场是教育经济学的核心。一个国家的教育现状直接影响未来劳动人口的结构和质量，即人力资本，而"人力资本的投资"是经济持续增长的源泉，所以对教育中的教育规模、教师需求等及劳动力市场中的人力资本现状、存量等的预测是一直被关注的热点。

一、研究背景

教育的预测中，由于教育规模即在校学生数直接决定了教师的需求、教育资金的配置等众多教育相关问题，所以对教育规模的预测是至关重要的。段成荣等人以人口预测为基础，分析了 21 世纪上半叶我国各级学校学龄人口数量的变动趋势，发现我国的教育适龄人口虽然总的趋势在减少，但中间伴有大的波动❶。石人炳在对各级教育阶段学龄人口预测的基础上运用队列构成法对 2000—2020 年各级教育阶段在校生人数进行测算，得出小学在校生一直减少，初中在校生波动，高中阶段高等教育在校生不断增加的结论❷。

劳动力市场的预测中，由于劳动人口的质量（即人力资本）决定了主次劳动力市场中劳动者的供给、人员的流动，经济增长等问题，所以对人力资本的预测是有实际意义的。平均受教育年限是人力资本度量最常用的方法。胡鞍钢等利用第三、四次人口普查及 1995 年全国 1% 人口抽样调查的资料估算了全国及各地区 1982 年和 1995 年的人口平均受教育年限❸。巴罗和李通过考察 1960—2000 年跨国平均五年的入学率分布，计算了 142 个国家 15 岁以上或 25 岁以上人口的平均受教育年限，以此来反映劳动人

---

❶ 段成荣，杨书章，高书国. 21 世纪上半叶我国各级学校适龄人口数量变动趋势分析［J］. 人口与经济，2000（4）：38—45.

❷ 石人炳. 2000—2020 年我国各级教育需求预测及建议［J］. 南方人口，2004（2）：13—20.

❸ 胡鞍钢. 从人口大国到人力资本大国：1980—2000 年［J］. 中国人口，2002（5）：1—10.

口的人力资本状况❶。张晓雪等人以 1995 年 1% 抽样调查中从业人员作为劳动人口，利用每年各级教育未再升学人口作为劳动力新增人口，对我国 1995—2003 年从业人口人力资本进行了测算❷。

以上对于教育和劳动力市场的研究都仅是对其一者进行的，并没有考虑两者的衔接性及相互影响，且有些仅限于统计量的静态数值计算没有进行动态预测。因此，我们在本书中构建考察教育与劳动力市场的完整的动态预测模型，并对我国教育及劳动力市场的不同统计量进行分析预测。

二、预测模型

1. 人口演化离散模型

由于我国人口发展除了受自然因素影响以外还受诸多社会性政策性因素的影响，如计划生育等，所以如著名的 Malthus 离散、连续的人口演化方程；Logistic 有限制增长模型都有一定的局限性。本书采用宋健等人提出的向量形式的人口演化离散模型：

$$X_{t+1} = A(t)X_t + B(t)X_t \tag{5.5}$$

$$X_t = \begin{bmatrix} x_0(t) \\ x_1(t) \\ \vdots \\ x_{m-1}(t) \\ x_m(t) \end{bmatrix}$$ 其中 x_m 为 t 年年龄为 m 的人口数，X_t 为 t 年带有年龄结构的

---

❶ Barro R. J, Lee J. W. International Data on Educational Attainment: Updates and Implications [D]. CID Working Paper 2000, No. 42.

❷ 张晓雪，周亚，李克强等. 劳动人口人均受教育年限的预测分析 [J]. 教育与经济，2002（1）：54—56.

总人口数量分布向量; $A(t) = \begin{bmatrix} 0 & 0 & \cdots & 0 & 0 \\ 1-\mu_0(t) & 0 & \cdots & 0 & 0 \\ 0 & 1-\mu_1(t) & \cdots & 0 & 0 \\ 0 & 0 & \ddots & 0 & 0 \\ 0 & 0 & \cdots & 1-\mu_{m-1}(t) & 0 \end{bmatrix}$ 其中

$\mu_m(t)$ 为 t 年年龄为 m 的人口死亡率, $A(t)$ 为 t 年到 $t+1$ 年的人口状态转移矩阵

为 $(m+1) \times (m+1)$ 阶矩阵; $B(t) = \begin{bmatrix} \beta_0(t)\theta_0(t) & \cdots & \cdots & \beta_m(t)\theta_m(t) \\ 0 & \ddots & \ddots & 0 \\ \vdots & \ddots & \ddots & \vdots \\ 0 & \cdots & \cdots & 0 \end{bmatrix}$ 其中

$\beta_m(t)$ 为 t 年年龄为 m 的妇女生育率, $\theta_m(t)$ 为 t 年年龄为 m 的妇女占总人口的比例, $B(t)$ 为 t 年的妇女生育矩阵为 $(m+1) \times (m+1)$ 阶矩阵。由于我国生育年龄为 15 ~ 49 岁，所以对于 $m < 15$ 或 $m > 49$ 则 $\beta_m(t) = 0$。由于该模型在当今自然条件、社会条件下能够较合理地反映人类繁衍的机制，且所需基年的数据较容易获得，所以只要对各年龄人口的死亡率、妇女的生育率、妇女的比例参数进行比较准确的预测，则该模型能够相对准确预测我国未来年份带有年龄结构的总人口数，即我国未来年份总人口的年龄分布。

2. 在学人口、各级教育程度在学人口演化离散模型

本书考察我国的小学、初中、高中、大学教育，其中小学学制为六年，初高中各为三年，大学为四年，共十六年。以向量形式的人口演化离散模型为基础可得向量形式的在学人口演化离散模型：

$$Y_{t+1} = C(t)Y_t + D(t)X_t \tag{5.6}$$

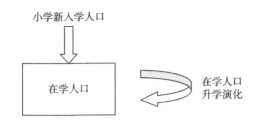

$$Y_t = \begin{bmatrix} y_1(t) \\ \vdots \\ y_6(t) \\ y_7(t) \\ \vdots \\ y_{16}(t) \end{bmatrix}$$ 其中 $y_i(t)$ 为各年级学生数，Y_t 为 t 年所有各级教育分

年级的在校生数分布向量；$C(t) = \begin{bmatrix} 0 & 0 & \cdots & 0 \\ \gamma_1(t) & 0 & \cdots & 0 \\ 0 & \ddots & 0 & 0 \\ 0 & 0 & \gamma_{15}(t) & 0 \end{bmatrix}$ 其中 $\gamma_i(t)$ 在

$i = 6$、9、12 表示小学升初中、初中升高中、高中升大学的升学率，其余为教育的维持率（$1-$辍学率），$C(t)$ 为升学矩阵为 16×16 阶矩阵；$D(t) = \begin{bmatrix} 0 & \cdots & \gamma_0(t) & 0 & \cdots & 0 \\ 0 & \cdots & 0 & 0 & \cdots & 0 \\ \vdots & \vdots & \vdots & \vdots & \vdots & \vdots \\ 0 & \cdots & 0 & 0 & \cdots & 0 \\ 0 & \cdots & 0 & 0 & \cdots & 0 \\ 0 & \cdots & 0 & 0 & \cdots & 0 \end{bmatrix}$ 其中 $\gamma_0(t)$ 为 t 年五岁的儿童在 $t+1$ 年升

入小学的升学率位于矩阵的第一行第六列，$D(t)$ 为小学入学矩阵，为 $16 \times (m+1)$ 阶矩阵；X_t 为 t 年代年龄结构的总人口分布向量。由于教育有逐级性和不可跳跃性，所以对所有各级教育分年级在校学生数向量矩阵

进行演化，能够较好地反映各级教育的衔接性，计量较为准确。对于各级教育

$$Y_{t+1}^j = E^j(t+1)Y_{t+1} \tag{5.7}$$

$$Y_{t+1}^j = \begin{bmatrix} y_0^j(t+1) \\ \vdots \\ y_m^j(t+1) \end{bmatrix} j = 1、2、3、4 \text{ 分别为小学、初中、高中、大学，}$$

其中 $y_m^j(t+1)$ 为 $t+1$ 年的 j 级教育中年龄为 m 的在校学生数；Y_{t+1}^j 即 j 级教育带有年龄结构的分年级在校学生数量分布向量；$E^j(t+1)$ 为运算矩阵，

无实际意义，为 $(m+1) \times 16$ 阶矩阵 $E^1(t+1) = \begin{bmatrix} 0_{6\times6} \\ I_{6\times6} & 0_{(m+1)\times10} \\ 0_{(m-11)\times6} \end{bmatrix}$；

$$E^2(t+1) = \begin{bmatrix} 0_{12\times6} & 0_{12\times3} \\ 0_{3\times6} & I_{3\times3} & 0_{(m+1)\times7} \\ 0_{(m-14)\times6} & 0_{(m-14)\times3} \end{bmatrix}; \quad E^3(t+1) =$$

$$\begin{bmatrix} 0_{15\times9} & 0_{15\times3} \\ 0_{3\times9} & I_{3\times3} & 0_{(m+1)\times4} \\ 0_{(m-17)\times9} & 0_{(m-17)\times3} \end{bmatrix}; E^4(t+1) = \begin{bmatrix} 0_{18\times12} & 0_{18\times4} \\ 0_{4\times12} & I_{4\times4} \\ 0_{(m-21)\times12} & 0_{(m-21)\times4} \end{bmatrix}$$

Y_{t+1} 为 $t+1$ 年所有学校分年级的在校学生数分布向量。该模型可以将各级教育从总体教育中分出，较方便对各级教育的情况进行考察。但其本身并不具有演化机制，依赖于在学人口的演化离散模型。

$S_1(t+1) = \sum_m y_m^1(t+1)$ 为小学在校生总数；$S_2(t+1) = \sum_m y_m^2(t+1)$ 为初中在校生总数；$S_3(t+1) = \sum_m y_m^3(t+1)$ 为高中在校生总数；$S_4(t+1) = \sum_m y_m^4(t+1)$ 为大学在校生总数，即 $S_j(t+1) \, j = 1, \cdots, 4$ 为各级教育的教育规模。在学人口演化模型已经隐含了新入学人口入学年龄一致的假定，

各级教育的模型中也隐含了年龄和年级直接对应的假定。对于我国 2000 年后绝大多数地区都已经实行小学入学年龄一致为六岁，此模型的近似假定不会对预测产生太大的影响，且此影响会随着入学年龄的进一步一致化而越来越小。所以在一定的精确程度下，可以用此模型预测我国各级教育的分年级在校学生数及各级教育规模。

3. 各级教育程度的总人口演化离散模型

各级教育程度的总人口包括其上一级教育的在学人口和以该级教育程度为最高学历的不在学人口。基于上面两个模型可以建立演化方程：

$$X_{t+1}^{j} = F^{j}(t)X_{t}^{j} + G^{j}(t)Y_{t} \tag{5.8}$$

j 级教育毕业的总人口

```
                    ↓
        ┌─────────────────────┐
        │  j 级教育程度的总人口  │        ⟳   自然演化
        └─────────────────────┘
                    ↓
```

$j+1$ 级教育毕业的总人口

$$X_{t}^{j} = \begin{bmatrix} x_{0}^{j}(t) \\ \vdots \\ x_{m}^{j}(t) \end{bmatrix}$$ 其中 $x_{m}^{j}(t)$ 为 t 年 j 级教育程度的年龄为 m 的总人口数；

X_{t}^{j} 为 t 年 j 级教育程度的带有年龄结构的总人口数量分布向量；$F^{j}(t) = A(t)$ 为 t 年到 $t+1$ 年的人口状态转移矩阵为 $(m+1) \times (m+1)$ 阶矩阵；$G^{j}(t)$ 为教育程度变化矩阵，为 $(m+1) \times 16$ 阶矩阵，对于小学、初中、高中都含有两个非 0 元素 1、-1。对于小学 $G^{1}(t)_{13,6} = 1, G^{1}(t)_{16,9} = -1$；对于初中 $G^{2}(t)_{16,9} = 1, G^{2}(t)_{19,12} = -1$；对于高中 $G^{3}(t)_{19,12} = 1, G^{3}(t)_{23,16} = -1$。大学则只含有一个非 0 元素 1，$G^{4}(t)_{23,16} = 1$。该模型可以对各级教育程度

的总人口进行较好的描述，以此反映我国人口的受教育程度。

4. 各级教育程度不在学人口演化离散模型

各级教育程度不在学人口可由该级教育程度的总人口与其上一级教育的在学人口相减而得。演化离散模型：

$$Z_{t+1}^j = X_{t+1}^j - Y_{t+1}^{j+1} \tag{5.9}$$

$$Z_{t+1}^j = \begin{bmatrix} z_0^j(t+1) \\ \vdots \\ z_m^j(t+1) \end{bmatrix} 其中 z_m^j(t+1) 表示 t+1 年年龄为 m 的以 j 级学历$$

为最高学历的不在学人口数量；对于年龄 $16 \leq m \leq 60$ 的不在学人口，即计为劳动人口，则 Z_{t+1}^j 即可表示不同教育程度的带有年龄结构的不在学人口也可表示不同教育程度的劳动人口的数量分布，反映劳动人口的受教育程度及其年龄结构；$L_{t+1}^j = \sum_{m \geq 16} Z_m^j(t+1)$，为该级教育程度劳动人口总量。

三、模型应用

此模型是涵盖教育及劳动力市场的基础模型，又因其包括了年龄结构及教育程度，所以可以此为基础对教育及劳动力市场中的很多问题进行细致的研究，进行政策的预测与评估。

（1）直接利用模型可以对总人口、在学人口、劳动人口的数量与年龄结构进行预测，进行较深入的人口学、社会结构学分析。对诸如总人口、劳动人口的年龄结构，人口老龄化，在学人口数量波动及教育规模变动等问题进行讨论。

（2）由在学人口、各级教育程度在学人口演化离散模型可讨论各级教育专任教师的需求。各级教育专任教师的需求是引致需求，是由学生数量和生师比决定的，因此，可以利用各级教育规模的预测，对专任教师需求数量进行预测，进而可讨论教师的余缺问题。教育经费很大比例是用来支付教师的工资，所以也可以进一步讨论教育经费的配置问题，从更多的角度研究教育的现状及问题。

（3）由于此模型涵盖了教育与劳动力市场，反映了两者的衔接性，所以可以利用此模型讨论教育的变化对劳动力市场产生的影响，例如可以讨论教育中升学率的变化对劳动人口平均受教育年限即人力资本产生的影响。此外，也可讨论以劳动力市场为导向对教育产生的影响。这样可以更为深刻彻底地揭示教育与劳动力市场之间的关系。

（4）由各级教育程度的不在学人口演化模型，可以对我国劳动人口平均受教育年限进行讨论。劳动人口平均受教育年限为劳动人口人力资本的现状量，并没有揭示人力资本中所包含的年龄结构，对于一个刚刚毕业的本科生和即将退出劳动力市场的本科生，其所拥有的人力资本是不同的，即人力资本的存量是不同的。由于所建演化模型含有年龄结构，所以可对人力资本的存量进行度量，从而更全面地考察劳动力市场的人力资本状况。